탈무드

마빈 토케어 지음

일신서적출판사

탈무드

차례

탈무드의 마음

탈무드(위대한 연구)는 5,000년 동안 유대 민족의 정신적 지주 역할을 해온 생활 규범이다.
이 장에서는 이 방대한 성전에 대해 꼼꼼히 해석해 보려 한다.
탈무드라는 이 엄청난 보물 창고의 문을 여는 것은 당신 자신의 마음에 달려 있다.
그리고 탈무드의 마음을 붙잡는 것 또한 당신의 명석한 두뇌와 끊임없는 노력에 달려 있다.

탈무드 이야기

유대인이 아닌 어떤 사람이 유대에 대한 연구를 하기 위하여 《구약성서》를 비롯한 여러 가지 유대에 관한 서적을 탐독하였다. 그러나 아무리 해도 유대인을 쉽게 이해할 수 없었다. 그러는 동안 그는 유대인의 규범이 되고 있는 탈무드를 공부하지 않고서는 유대인을 이해할 수 없다는 결론을 얻게 되었다. 그래서 어느 날, 그는 랍비를 찾아가서 의논하였다. 랍비는 유대교의 승려라고 할 수 있는데 선생이며 재판관이며, 또 어버이가 되기도 하는 유대에서는 가장 존경받는 훌륭한 사람을 지칭한다.

그러나 랍비는 "당신은 탈무드를 배우고 싶다고 했지만 아직 탈무드를 배울 자격이 없소."라고 말했다. 그러자 찾아온 사람은 "내가 그런 자격이 있는지 테스트라도 한번 받게 해주십시오!"라고 말했다. 랍비는 만약 그렇게 원한다면 간단한 테스트를 하나 해보자며 다음과 같은 문제를 제시했다.

"두 남자아이가 여름 방학을 이용하여 자기 집 굴뚝을 청소하게 되었는데 한 아이는 얼굴에 그을음이 새까맣게 그을려 굴뚝에서 내려왔고 또 한 아이는 얼굴에 그을음이 전혀 묻지 않은 채 내려왔소. 이런 경우 어떤 아이가 얼굴을 씻을 것이라고 생각하시오?"

사나이는 "물론 얼굴이 더러운 사내아이가 얼굴을 씻을 것입니다."라고 대답했다. 그러자 랍비는 냉정하게 "그러니 당신은 아직 탈무드를 공부할 자격이 없다는 것이오." 라고 말했다. 그러자 사

나이는 "그렇다면 정답은 무엇입니까?" 하고 물었다. 그러자 랍비
는 "당신이 만약 탈무드를 공부하면 이런 답을 스스로 알게 될 것이
오."라고 말하며 다음과 같은 설명을 했다.

"두 사내아이가 굴뚝을 청소하고서 한 아이는 깨끗한 얼굴, 한
아이는 더러운 얼굴을 하고 내려왔소. 얼굴이 더러운 모습을 보고
자신도 더럽다고 생각할 것이오." 그러자 그 사나이는 갑자기 "아,
알았습니다."라고 외치며 "또 한번 테스트를 해주십시오."라고 청
했다.

랍비는 다시 같은 질문을 했다.

"두 아이가 굴뚝 청소를 하고 한 아이는 깨끗한 얼굴, 한 아이는
더러운 얼굴로 내려왔소. 도대체 어느 쪽의 아이가 얼굴을 안 씻으
리라 생각하시오?"

사나이는 앞서 랍비의 설명을 들었기 때문에 "물론 깨끗한 얼굴
을 한 사내아이가 얼굴을 씻을 것입니다."라고 대답했다. 그러자 랍
비는 다시 굳은 표정으로 "당신은 아직 탈무드를 공부할 자격이 없
소."라고 거듭해서 말했다. 사나이는 매우 낙심하여 "그렇다면 도
대체 탈무드에서는 뭐라고 말하고 있습니까?"라고 물었다. 랍비는
"두 아이가 굴뚝을 청소했다면 똑같이 한 굴뚝을 청소했을 텐데, 한
아이의 얼굴은 깨끗하고 다른 아이는 더러운 얼굴을 하고 내려오는
일은 있을 수 없소."라고 잘라 말했다.

이것도 최근에 있었던 이야기다. 어느 유명한 대학 교수가 내게로 전화를 걸어서 탈무드를 연구하고 싶은데 하룻밤이라도 좋으니 책을 빌려줄 수 있겠는가 하고 요청해 왔다. 나는 즉시 그렇게 하라고 했다. 그러고는 정중하게 다음 말을 덧붙였다.

"좋습니다. 언제라도 빌려 드리겠습니다만 그 대신 오실 때에는 트럭을 가지고 와주십시오."

왜냐하면 탈무드는 전부 합쳐 20권이며 분량은 12,000페이지에 이르고 단어 수로도 250만 단어나 되며 무게도 75킬로그램이나 되는 방대한 책이기 때문이다.

탈무드란 무엇이며, 어떻게 해서 만들어졌고, 어떤 책이라는 것을 설명하기란 매우 어렵다.

설명을 간략하게 하면 탈무드가 어떠한 책인지 잘못 이해될 것 같고 그렇다고 자세히 설명하자면 많은 지면을 할애해야 할 것이다.

탈무드는 책이 아니라 하나의 학문이다. 이 12,000페이지에 달하는 내용들은 기원전 500년에서 기원후 500년까지 입으로 전해져 온 내용을 10년 동안 2,000명의 학자의 손을 빌려 편찬한 것이다. 이것은 과거 우리 조상들의 생활을 지배했듯이 현대의 우리들도 지배하고 있다. 말하자면 이것은 유대인 5,000년의 지혜이며 모든 지식의 저수지라고 말할 수 있다. 그러나 이것은 정치가 · 관리 · 과학자 · 철학자 · 부호 · 저명인사 등의 손에 의해 만들어진 것은 아니다. 오로지 학자의 손에 의해 문화 · 도덕 · 종교 · 전통이 총망라된 종합편이다.

이것은 법전이 아니지만 법이 논의되고 있으며, 역사책이 아니지만 역사가 이야기되고 있고, 인물사전도 아니면서 많은 인물이 소개되고 있다.

또한 백과사전이 아니면서 백과사전과 같은 구실을 하고 있다. 인생이란 무엇인가? 인간의 존엄성이란 무엇인가? 행복이란 무엇인가? 사랑이란 무엇인가? 5,000년에 걸친 유대인의 지적 재산, 정신적 영양분이 모두 여기에 집대성되어 있다.

참다운 의미에서의 뛰어난 문헌이며 장려한 문화의 모자이크라고 말할 수 있다. 서양 문명의 소산인 문화 양식이나 사물에 대한 사고방식을 이해하기 위해서는 먼저 탈무드를 이해하지 않으면 안 된다.

이 책의 원천은 《구약성서》로서, 고대 유대인의 사상이라고 단정하기보다는, 구약성서를 보충하고, 구약성서를 더욱 발전시킨 것이라 할 수 있다. 그런데 그리스도교도들은 그리스도의 출현 이후의 유대 문화를 모두 무시해 버리고 탈무드의 존재를 계속 인정하려 하지 않고 있다.

탈무드는 글로 씌어지기 전에는 교사를 통해 학생들에게 입에서 입으로 전해져 왔다. 그 때문에 내용 전개는 대부분 질문과 대답 형식을 취하고 있다. 그 내용의 범위는 극히 넓으며 모든 주제가 히브리어와 아랍어로 이야기되어 왔다. 그래서 이것이 책으로 편찬될 무렵은 구두점 따위는 완전히 무시되었으며 머리말이나 맺음말도 없이 내용만으로 이루어져 있었다.

다만 그 무렵에 탈무드는 너무나도 양적으로 방대하고 여러 곳에 흩어져 있었기 때문에 유대인들은 탈무드의 여러 가지 귀중한 부분이 상실되는 것을 염려하여 여러 지방에서 전승자를 뽑았다. 그때 전승자들 가운데서 머리 좋은 사람은 고의로 제외시켰는데, 그 이유는 자신의 개인적 의견을 삽입함으로 해서 전승이 잘못되어지는 것을 막기 위해서였다.

이리하여 입으로 전해져온 내용은 몇백 년이나 되는 동안 많은 도시에서 출간이 진행되었고 오늘날에 와서는 바빌로니아의 탈무드와 팔레스타인의 탈무드, 두 종류가 존재하고 있는데, 바빌로니아의 탈무드 쪽이 더 중요시되어 가장 많은 권위를 인정받고 있다. 그래서 탈무드라고 하면, 일반적으로 바빌로니아의 탈무드를 가리키는 말이 된다.

탈무드 안에 덧붙여 적혀 있는 색인이나 주(註)는 히브리 어를 비롯하여 바빌로니아 어·프랑스어·독일어·에스파니아어·북아프리카어·터키어·폴란드어·러시아어·이탈리아어·영어·중국어 등 여러 나라 말로 옮겨 설명되어 있다. 모든 나라에서 이 탈무드가 읽혀지고 연구된 뒤에 새로운 코멘트를 덧붙인 것이다.

탈무드의 새로운 인쇄판에서 마지막 페이지는 반드시 백지로 남겨지게 되어 있다. 이것은 탈무드가 늘 덧붙여질 여지가 있다는 연속성을 상징하고 있다.

탈무드는 읽는 것이 아니라 배우는 것이다. 나의 작은 딸이, 내가 아침 일찍 일어나서 탈무드를 공부하고 있는 것을 보고는 나갔다가 다시 세 시간 뒤에 돌아와서 방 안을 살펴보고 15단어 정도밖에 진도가 나가지 않았음을 자주 발견하게 된다.

그러나 내가 이 15단어를 완전하게 이해하고 그 의미를 진정으로 파악할 수 있었던 것은 내가 지금까지 인생 경험을 풍부하게 쌓았으며 사물에 대한 사고법을 확립시킨 결과라고 생각하니 매우 만족스런 기분이 되었다. 사고능력이나 정신을 단련하기 위해서는 탈무드만큼 훌륭한 것이 없다고 생각한다.

따라서 탈무드는 유대인의 영혼이라 할 수 있다. 오랜 박해와 유랑의 역사를 겪어온 유대 민족에게 있어서 오직 탈무드만이 유대인의 정신적 지주 역할을 해왔다.

오늘날에 와서 유대인 모두를 탈무드 연구가라고 할 수 없다. 그러나 그들은 모든 정신적인 영양분을 탈무드에서 얻고 있으며 거기에서 생활의 궤범을 찾고 있는 것만은 사실이다.

그것은 유대인들 생활의 일부로 되어 있으며 유대인이 탈무드를 지켜 왔다기보다는 탈무드가 유대 민족을 지켜 주었다고 말할 수 있다.

탈무드라는 말은 '위대한 연구', '위대한 학문', '위대한 고전연구' 라는 의미를 지니고 있다. 본래 탈무드는 몇 번째 권을 펴보아도 반드시 제 2페이지로부터 시작되고 있다. 그것은 탈무드를 읽지 않아도 당신은 이미 탈무드의 연구자라는 것을 상징하기 위해서다. 1페이지는 당신의 경험을 쓰기 위해 비워둔 것이다.

이것은 출판 상식을 벗어난 것이지만 탈무드는 본래 첫 페이지와 마지막 페이지는 여백으로 남겨 두는 것이 원칙이다.

유대인은 탈무드를 '바다' 라고도 부른다.

바다는 거대하고 모든 것이 거기에 있고 물 밑에는 무엇이 있는지 알 수 없을 만큼 끝이 없기 때문이다.

그러나 탈무드가 너무 방대하다고 해서 포기해서는 안 된다.

탈무드가 아무리 위대한 것이라 해도 역시 우리와 같은 인간의 손에 의해 만들어진 것이므로 똑같은 인간인 우리들이 그것을 자기 것으로 만들지 못할 리 없다. 다만 한 걸음 한 걸음 순서를 밟아 올라가지 않으면 안 된다는 것뿐이다. 그러나 독자 여러분의 용기를 북돋아 주기 위해서 나는 다음과 같은 격려의 말을 하고자 한다.

당신이 알고 있는 세계에서 위대한 인물들 수백 명을 한 방에 모아 놓고 녹음기를 어딘가에 장치해 둔다. 그래서 이 위대한 인물들이 수백 시간에 걸쳐서 계속 이야기하고 토론한 내용을 녹음했다고 가정한다면, 그것은 매우 귀중한 것임에 틀림없을 것이다. 탈무드는 그것과 대등할 만한 충분한 내용을 지니고 있다.

그 한 페이지를 여는 것만으로도 위대한 사람들이 1,000년 동안에 걸쳐 계속 이야기를 해온 것을 당신은 틀림없이 귀로 들을 수 있을 것이다. 이 책에서는 내가 그 친절한 안내역을 맡으려고 한다.

세 명의 랍비

나는 탈무드 신학교 면접 시험장에서 "어째서 당신은 이 학교에 입학하려고 하는가?"라는 질문을 받았다.

나는 "이 학교에서 공부하고 싶기 때문에 그렇습니다."라고 말했다. 그러자 시험관은 "만약 당신이 공부를 하고 싶다면 도서관으로 가는 편이 나을 것이다. 학교는 공부하는 곳이 아니다."라고 말했다.

그래서 나는 반대로 시험관에게 "그렇다면 무엇을 하기 위해 학교에 가야 하나요?"라고 물었다. 그러자 그는 "학교라는 곳은 위대한 사람 앞에 앉는 것이다. 위대한 사람이라는 살아 있는 교본에게서 모든 것을 배워라. 학생은 위대한 랍비나 교사를 지켜봄으로써 배워 가는 것이다."라고 말했다.

그래서 나는 탈무드에 나오는 세 사람의 위대한 랍비를 한 사람씩 소개해 보려고 한다.

랍비 힐레르

그는 2,000여 년 전에 바빌로니아에서 태어났다. 20살이 되던 해에 이스라엘에 와서 두 사람의 위대한 랍비 밑에서 공부했다. 그 무렵의 이스라엘은 로마의 지배 아래 있었기 때문에 유대인의 생활은 매우 어려웠다. 힐레르는 생계를 유지하기 위해 벌이에 나섰으나 불운하게도 하루에 동전 한 닢밖에는 벌 수가 없었다. 그 동전의 반은 그의 생계비에 쓰여졌고 나머지 반은 수업료로 쓰였다.

대부분은 일자리가 없었기 때문에 한 푼의 수입도 없을 때가 많았지만 힐레르는 어떻게 해서라도 학교의 강의를 듣고 싶어 견딜 수가 없었다. 그래서 남몰래 학교의 지붕 위에 올라가 굴뚝 구멍에 귀를 대고 하룻밤 동안 밑의 교실에서 흘러나오는 강의를 들었다. 한창 추위가 기승을 부리는 겨울밤이어서 마침 내리기 시작한 눈이 힐레르의 몸을 덮어 버리고 말았다.

아침이 되자 다시 수업이 시작되었다. 그런데 교실 안이 여느 때보다 어두워서 학생들 모두가 천장을 올려다보니 지붕의 영창이 한 사람의 몸으로 가려져 있었다. 힐레르는 다행히 죽기 직전에 끌려 내려와서 언 몸을 녹여 생기를 되찾았다. 그로부터 그는 수업료를 면제받고 학교에 다니게 되었으며 이것을 계기로 유대 학교의 수업료는 모두 무료가 되었다.

힐레르의 말은 사람들에게 가장 많이 칭송되었을 뿐만 아니라 천재였으며 매우 점잖고 예의바른 사람이었던 힐레르는 후에 랍비의 대제사장이 되었다.

어느 날 유대인이 아닌 사람이 찾아와서 "내가 한 다리로 서 있는 동안에 유대의 학문을 모두 가르쳐라!"고 거만하게 말했다. 이때 힐레르는 "당신이 하고 싶지 않은 일을 남에게 강요하지 말라!"고 대답했다.

또 어느 날 힐레르를 화나게 할 수 있는가 없는가 하는 문제를 놓고 내기를 한 사람이 있었다. 안식일 준비를 위해 금요일 낮에 힐레르가 목욕탕에 들어가 몸을 씻고 있을 때, 한 사나이가 문을 두드렸다. 힐레르는 젖은 몸을 닦고 옷을 걸치고 문을 열고 나왔다.

그러자 그 사나이는 "인간의 머리는 왜 둥글까요?"라는 터무니없는 질문을 했다. 힐레르가 그 물음에 대답하고 나서 겨우 목욕탕에 돌아오자, 사나이가 또 다시 돌아와서 문을 두드리며 "흑인은 어째서 검은가요?"라는 엉터리 질문을 되풀이했다. 어째서 흑인의 피부가 검은가를 열심히 설명하고 나서 다시 목욕탕에 들어오자 이때 문 두드리는 소리가 다시 들렸다. 이런 일이 다섯 차례나 되풀이되었다. 결국에는 그 사나이가 힐레르를 향해서 나는 당신 때문에 내기에 큰 손해를 보았소."

라며 사실을 털어놓았다.

그러자 힐레르는 "내가 인내력을 잃기보다 당신이 돈을 잃는 편이 낫다."라고 말했다.

또 어느 날 힐레르가 거리를 서둘러 걷고 있는데 학생들이 그를 보고 "선생님 무슨 바쁜 일이라도 있습니까?"라고 묻자 "나는 선행을 하기 위해서 지금 바삐 가고 있는 중이다."라고 대답했다. 무슨 뜻인지 학생들도 궁금하여 함께 따라가 보니, 힐레르는 공중 목욕탕에 들어가서 몸을 씻기 시작했다. 학생들이 놀라서 "선생님, 이것이 선행입니까?"라고 물었다.

"인간이 자신을 깨끗이 하는 것은 대단히 좋은 일이다. 로마인을 보아라. 로마인들은 많은 동상들을 깨끗이 씻고 있다. 그러나 인간은 동상을 씻기보다는 자신을 깨끗이 씻는 편이 좋은 일을 하는 것이다."라고 말했다.

이 밖에도 힐레르는 여러 가지 위대한 말을 남겼다. 동양의 《채근담》처럼 씹으면 씹을수록 맛이 좋아지는 것이 그의 말이다.

◆지식을 계속 쌓지 않는 것은 지식을 줄어들게 하는 결과가 된다.

◆자기의 높은 직함을 여러 사람들에게 과시하려는 인간은 이미 자기의 인격을 손상시키고 있는 것이다.

◆상대방의 입장에 서보지 않고는 사람을 판단하지 말라.

◆배우려는 학생은 부끄러워해서는 안 된다.

◆인내력이 없는 사람은 스승이 될 수 없다.

◆만약 당신 주위에 특출한 사람이 없다면 당신 자신이 특출한 인물이 되어야 한다.

◆스스로 자신의 일을 하지 않으면

누가 당신을 위해 일을 해줄 것인가?

◆지금 그것을 하지 않으면 언제 할 수 있는 날이 있을까!

◆인생 최대의 목표는 평화를 사랑하고 평화롭게 만드는 일이다.

◆자신의 일만을 생각하고 있는 인간은

그 자신도 될 자격조차 없는 인간이다.

랍비 요하난 벤 자카이

요하난은 유대 민족이 사상 최대의 정신적인 위기에 부딪쳤을 때 크게 활약한 랍비다. 기원후 70년에 로마 인이 유대의 사원을 파괴하고 유대인을 멸망시키려고 했을 당시 요하난은 비둘기파였다. 그래서 반대편인 매파가 늘 요하난의 행동을 감시하고 있었다. 요하난은 유대 민족이 끝까지 살아남기 위해서는 어떻게 하면 좋은 가를 골똘히 생각했다. 마침내 요하난은 어떻게든 로마의 총독과 담판을 해야 한다는 결론에 이르렀다.

그런데 그 무렵, 유대인은 모두 예루살렘의 성 안에 갇혀 일체의 출입이 금지되어 있었기 때문에 요하난은 한 꾀를 생각해냈다. 그날부터 성 안에는 대제사장 요하난이 죽을 병에 걸렸다는 소문이 퍼졌고 며칠이 지나자 요하난이 죽었다는 소문이 퍼졌다. 제자들은 그를 관 속에 넣어 성벽 밖으로 들고 나가려고 했다. 예루살렘의 성 안에는 묘지가 없었으므로 시체를 성 밖 묘지에 매장할 수 있도록 허가를 신청했다.

그러나 반대파의 수비병들은 요하난이 죽었다는 것을 믿지 않고 "칼로 찔러 한번 확인해 보자."고 말했다. 왜냐하면 유대의 전통에 따르면 시체를 직접 눈으로 보는 일이 절대로 금해져 있었으므로 관 위에서 칼로 찌르려고 한 것이다. 그때 제자들은 "그것은 죽은 이를 모독하는 일이다."라며 기를 쓰고 항의했다.

보통 유대의 장례식은 관을 길거리에 방치해 두지만 제자들은 "돌아가신 분은 대제사장이기 때문에 정중히 매장해야 한다."고 주장하여 마침내 로마군의 전선 쪽으로 향했다.

그런데 전선을 통과할 때 로마 병사도 역시 "관을 칼로 찔러 죽음을 확인해야겠다."고 하며 칼로 관을 찌르려고 했다.

제자들은 당황하여 "로마의 황제가 만약 죽었다면 당신들은 관을 칼로 찌를 것인가? 그리고 우리들은 모두 무장도 하고 있지 않다"고 주장하여 드디어 전선의 후방으로 가는 일에 성공했다.

요하난은 관을 열고 나와 총독에게 담판을 요청했다. 그리고 로마 총독의 눈을 가만히 바라보며, "나는 당신에게 로마 황제와 똑같은 경의를 표한다."고 말했다.

그러나 로마 총독은 황제를 모욕했다며 화를 냈다. 그러자 요하난은 "아니 내 말을 믿으시오. 당신은 반드시 이 다음의 로마 황제가 될 것입니다."라고 잘라 말했다. 그러자 총독은 "그 말은 그만둡시다. 그런데 당신은 도대체 무슨 일로 왔소?"라고 물었다. 요하난은 "단 한 가지 소원이 있소."라고 대답했다.

여기서 독자들 생각으로는 무슨 요청을 할 것 같은지 잠시 생각해 주기 바란다.

요하난의 대답은 이러했다.

"조그만 방이라도 좋으니 10명 남짓의 랍비가 들어갈 학교를 하나 만들어 주시오. 그리고 그것만은 파괴하지 말아 주었으면 합니다."

요하난은 머지않아 예루살렘이 결국 로마에 의해서 점령되고 파괴되리라는 것을 내다보고 있었다. 그러나 학교만 남아 있으면 유대의 전통은 남으리라고 생각했던 것이다.

총독은 "좋소, 그렇게 해드리죠."라고 약속했다. 얼마 지나서 로마의 황제가 죽고 이 총독이 황제가 되었고, 새 황제는 로마 병사에게 "한 개의 작은 학교만은 파괴하지 말라."고 명령했다.

그때 작은 학교에 남아 있던 학자들이 유대의 지식, 유대의 전통, 유대의 신앙을 지켰다. 전쟁이 끝난 뒤 유대인의 생활 전부를 그 학교가 계속 지켜 이끌어나가게 되었다.

그는 "착한 마음을 갖는 것이 최대의 재산이다."라는 말을 강조했다. 유대교의 제단에는 돌만 사용하고 금속은 절대 금물로 되어 있다. 왜냐하면 금속은 무기를 만들 수가 있기 때문이다. 제단은 신과 인간 사이에 평화를 가져다 주는 것이며, 아울러 신과 인간 사이를 연결하는 상징이다. 말 못 하는 돌조차도 신과 인간 사이를 연결할 수 있다. "당신은 인간이므로 남편과 아내 사이, 나라와 나라 사이에 평화를 가져다 줄 수가 있다."라는 말도 요하난이 한 명언이다.

랍비 아키바

아키바는 탈무드 가운데서도 가장 존경받는 랍비이다. 그는 유대의 민족적인 영웅이기도 하다. 젊었을 때 그는 양치기로 큰 부잣집에 고용되어 일했다. 그러는 동안 그 집 딸과 사랑하게 되어 아버지의 반대를 무릅쓰고 결혼했기 때문에 내쫓기는 신세가 되었다. 아키바는 공부를 전혀 하지 않았기 때문에 글을 전혀 몰랐다.

아내는 남편에게, "단 한 가지 소원이 있습니다. 부디 공부를 해 주세요!"라고 말했다. 그래서 그는 나이 차이가 많은 어린이들과 함께 학교를 다녔다.

그가 13년 동안 학교에서 배우고 돌아왔을 때는 당대에 가장 우수한 학자로 명성을 얻고 있었다. 이듬해 그는 탈무드 최초의 편집자가 되었는데 그는 의학 · 천문학을 공부하고 많은 외국어를 구사할 수 있었으며 여러 사람들로부터 몇 번씩이나 유대인의 사절로 뽑혀 로마를 오갔다.

서기 132년 유대인이 로마의 지배하에서 벗어나기 위해 반란을 일으켰을 때 그는 그들의 정신적인 지도자였다. 이 반란이 진압되자 로마인은 누구라도 학문을 하는 유대인은 사형에 처한다는 포고문을 발표했다. 왜냐하면 그들은, 유대인은 그들의 전통적인 책을 공부함으로써 참다운 유대인이 된다는 것을 잘 알고 있었기 때문이다. 이때 아키바는 다음과 같은 여우 이야기를 했다.

어느 날 여우가 시냇가를 걷고 있는데 물고기들이

바삐 헤엄쳐 다니는 것을 보고

"왜 그렇게 바삐 헤엄쳐 다니느냐?"고 묻자 물고기는

"우리들을 붙잡으러 올 그물이 무서워서 그래."라고 대답했다. 그러자 여우는

"그렇다면 뭍으로 나오려무나! 언덕에 올라오면 내가 지켜줄 테니 걱정하지 않아도 돼."라고 말했다. 물고기는

"여우야, 너는 매우 영리하다고 들었는데 왜 그렇게 어리석니? 우리들이 늘 살아왔던 물 속에서조차 무서워하고 있는데 언덕에 올라가면 어떤 해를 입을지 어떻게 알겠니?"라고 대답했다.

요컨대 "유대인에게 학문은 물과 같은 것이어서, 물고기가 물을 떠나서는 한시도 살 수 없는 것과 마찬가지로 유대인은 어떻게 해서든지 배워야 한다."고 아키바는 말했다.

로마인에게 붙잡힌 아키바는 로마에 호송되어 처형이 확정되었다.

그런데 로마인은 그를 십자가에 매달아 죽이기에는 너무 형이 가볍다 해서 불에 달군 인두로 온몸을 지져 태워 죽이기로 했다. 처형되는 순간 유대인의 지도자라 해서 로마의 총독이 현장에 입회했다.

때마침 아침 기도가 시작되려는 시간이었다. 아키바는 새빨갛게 달군 인두가 몸에 닿자, 아침 기도를 하기 시작했다.

이 광경을 본 로마의 총독은 놀란 눈으로 물었다.

"이렇게 심한 고통을 받는 순간에도 기도하는가?"

그러자 아키바는 "지금 이렇게 죽는 순간에도 기도할 수 있는 나

자신에게서 참으로 신을 사랑하고 있다는 마음을 발견하니 기쁘
다."라고 조용히 대답하는 가운데 아키바의 생명의 등불은 서서히
꺼져 갔다.

탈무드의 귀

귀에는 듣는 사람의 뜻에 상관없이 여러 가지 정보가 날아든다.

중요한 것은 그 선택이다. 여기서는 탈무드 이야기 가운데에서

흥미 있고 교훈적인 이야기만을 골라 보았다.

이 이야기들은 생각하는 재료가 된다.

맛있게 간을 맞추는 것도 적당히 부드럽게 만드는 것도

요리사인 당신의 솜씨에 달려 있다.

마술 사과

임금님에게는 외동딸이 있었다. 그 딸이 깊은 병에 걸렸지만 약이 없었다. 의사는 신약(神藥)을 먹이지 않는 한 살아날 수 없다고 말했다. 그래서 임금은 딸의 병을 낫게 하는 자에게 딸을 주고 자신의 대를 이어 왕으로 삼겠다는 포고를 내렸다.

아주 먼 변두리 지방에 삼 형제가 살고 있었는데, 한 사람이 망원경으로 그 포고를 보았다. 세 사람은 그녀의 병을 낫게 해주자고 의논했다.

한 사람은 마술 융단을 갖고 있었고 또 한 사람은 마술 사과를 갖고 있었다. 마술 사과를 먹으면 무슨 병이라도 씻은 듯이 나을 수 있었다. 그래서 세 사람은 마술 융단을 타고 왕궁으로 가서 공주에게 사과를 먹이자 공주의 병은 깨끗이 나았다. 모두들 대단히 기뻐했고 임금님은 큰 잔치를 베풀어 새로운 왕위 계승자를 발표하려고 했다.

그러자 첫째 형은 "나의 망원경이 없었더라면 우리들은 공주가 아픈 사실도 모르지 않았겠느냐!"고 주장했고, 둘째 형은 "마술 융단이 없었더라면 도저히 이렇게 먼 곳까지 올 수가 없다."고 말하였고, 막내는 "만약 사과가 없었더라면 병은 낫지 못했을 것이 아닌가!"라고 말했다. 당신이 왕이라면 세 사람 가운데 누구에게 공주를 시집을 보내겠는가? 답은 '사과를 가진 사나이'이다.

융단을 갖고 있던 사나이는 아직 융단을 그대로 가지고 있으며, 망원경을 갖고 있던 사나이도 아직 망원경을 갖고 있다. 단지 사과를 갖고 있던 사나이는 사과를 공주에게 바쳐 버렸기 때문에 아무 것도 갖고 있지 않다. 이것은 남에게 베풀 때는 모든 것을 바치는 것이 가장 귀중하다는 것을 이름이다.

그 릇

매우 총명하지만 얼굴 생김새가 추한 한 랍비가 로마 황후와 만났다. 황후는 "뛰어난 총명이 이런 못생긴 그릇에 들어 있군!" 하고 말했다.

랍비는 "왕궁 안에 술이 있습니까?"라고 물었다. 황후가 고개를 끄덕이자 "무슨 그릇에 들어 있습니까?"라고 거듭 물었다. 왕녀가 "보통의 항아리나 술병 같은 그릇에 들어 있죠."라고 대답하자 랍비는 놀란 체하며, "로마의 황후님같이 훌륭하신 분이 금이나 은 그릇도 많이 있을 텐데 어쩌면 그런 보잘것없는 항아리를 쓰십니까?"

이 말을 들은 황후는 싸구려 항아리에 들어 있던 술을 금이나 은 그릇에 넣었다. 그러자 술맛이 변해서 맛이 없게 되었다. 왕이 화를 내며 "누가 이런 어리석은 짓을 했느냐?"라고 묻자 황후는, "그렇게 하는 쪽이 알맞다고 생각해서 제가 했습니다."라고 말했다.

그러고는 랍비가 있는 곳으로 가서 "당신은 어째서 내게 이런 일을 권했습니까?"라고 말하며 화를 냈다. 랍비는 "나는 단지 당신에게 대단히 귀중한 것이라 할지라도 싸구려 항아리에 넣어 두는 쪽이 좋을 경우가 있다고 가르치고 싶었을 뿐입니다."라고 말했다.

세 자매

옛날에 아름다운 세 딸을 가진 아버지가 있었다. 그러나 딸들은 저마다 한 가지씩 결점을 갖고 있었다. 한 사람은 게으름뱅이고 한 사람은 도벽이 있었으며, 한 사람은 험담하기를 좋아하는 수다쟁이였다.

그러던 어느 날 이웃에 사는 한 사나이가 자기에게는 세 아들이 있는데, 딸들을 자기 아들들의 신부로 줄 수 없느냐고 말했다.

아버지가 저 애들에게는 이러이러한 결점이 있다고 말하자 그런 것은 자기가 책임지고 고쳐나가겠노라 장담했다.

시아버지는 게으름뱅이 며느리를 위해서 많은 몸종을 고용했고, 도벽이 있는 며느리를 위해서는 큰 창고의 열쇠를 넘겨주며 무엇이든지 가지라고 했다. 험담을 좋아하는 막내 며느리에게는 날마다 아침 일찍 그 며느리를 깨워서 오늘은 무언가 사람을 헐뜯을 일이라도 있느냐고 물었다.

어느 날 친정 아버지가 딸들의 결혼 생활이 원만하게 이루어지고 있는지 어떤지 상태를 살펴보러 갔다. 맏딸은, 나는 좋을 만큼 게으름을 피우며 살 수 있어 무척 즐겁다고 했다. 둘째딸은, 나는 물건을 가지고 싶을 때 얼마든지 가질 수 있으므로 행복하다고 했다. 셋째딸은, 시아버지가 내게 남녀 관계를 들어 몰아세우므로 괴롭다고 했다.

그런데 아버지는 셋째딸의 말은 믿지 않았다. 어째서일까? 그녀는 시아버지까지도 헐뜯고 있었기 때문이다.

입을 사용하지 않는다

이 세상의 동물들이 뱀에게 대들었다.

한 동물이 "사자는 먹이를 넘어뜨리고난 후 먹고, 늑대는 먹이를 갈기갈기 찢어서 먹는다. 그런데 뱀아, 너는 먹이를 몽땅 삼키니 그건 어째서냐?" 하고 물었다. 뱀은 말했다.

"나는 중상하는 자보다는 낫다고 생각하네. 입으로 상대방을 상하게 하지 않기 때문이지."

혀 - 1

장사꾼이 거리를 걷고 있었다. 그는 "인생을 참되게 사는 비결을 살 사람 없습니까?"라고 큰소리로 외치고 다녔다.

온 동네 사람들이 인생을 참되게 사는 비결을 사려고 모여들었다. 그 가운데에는 랍비도 몇 사람 있었다.

모두 모여들어 서로 "내가 사겠다!"고 나서자 장사꾼은 "인생을 참되게 사는 비결은 자기 혀를 조심해서 쓰는 것이오."라고 말했다.

혀 - 2

어느 랍비가 자기 제자들에게 만찬을 베풀었다. 소의 혀나 양의

혀 요리가 나왔는데 그 혀 가운데에는 딱딱한 혀와 부드러운 혀가 있었다.

제자들은 저마다 다투어 부드러운 혀를 먹으려고 했다. 그때 랍비는 제자들을 향해 말했다.

"여러분들도 자신의 혀를 언제나 부드럽게 해두시오. 딱딱한 혀를 갖고 있는 사람은 상대방을 화나게 하거나 불화를 일으킬 거요."

혀 - 3

어느 랍비가 하인에게 시장에 가서 가장 맛있는 것을 사오라고 시켰다.

하인은 혀를 사왔다.

이틀쯤 지나 랍비는 같은 하인에게 오늘은 가장 싼 음식을 사오도록 명했다. 그러자 또 혀를 사왔다.

그래서 랍비는 "너는 내가 맛있는 것을 사오라고 했을 때도 혀를 사왔고, 오늘은 가장 싼 음식을 사오라고 시켰는데 또 혀를 사왔으니 어찌된 일인가?"라고 물었다.

그러자 하인은 "혀는 아주 좋으면 그보다 좋은 것이 없고 또 나쁘면 그보다 더 나쁜 것은 없다."고 대답했다.

하나님이 맡기신 보석

메이어라는 랍비가 안식일에 예배당에서 설교하고 있을 때 그의 집에서는 두 아이가 죽었다.

아내는 두 아이의 시체를 이층으로 옮겨 흰 천으로 덮어 주었다. 랍비가 돌아오자 아내는, "당신에게 묻고 싶은 일이 있습니다. 어떤 사람이 제게 잘 보관해 달라며 아주 귀중한 보석을 맡기고 갔습니다. 그런데 그 주인이 갑자기 맡긴 보석을 돌려 달라고 요구해 왔습니다. 그럴 때 저는 어찌하면 좋을까요?"라고 말했다.

그러자 랍비는, "그것을 주인에게 곧 돌려주시오."라고 대답했다. 그러자 아내는, "실은 막 하나님이 두 개의 귀중한 보석을 하늘로 가지고 돌아가셨습니다."라고 말했다. 랍비는 알아듣고 아무 말도 하지 않았다.

어떤 유서

예루살렘에서 멀리 떨어진 곳에 살고 있던 한 현명한 유대인이 아들을 예루살렘의 학교에 입학시켰다. 아들이 학교에서 공부하고 있는 동안에 아버지는 깊은 병이 들게 되어 죽기 전에 도저히 아들과 만날 수가 없다고 생각하여 유서를 썼다.

그는 유서에다 전 재산을 노예 한 사람에게 주기로 할 것, 다만 그 가운데에서 아들이 바라는 것 하나만을 아들에게 주도록 하라는 내용을 썼다.

아버지는 마침내 죽고 노예는 자기의 행운을 기뻐하며 예루살렘으로 뛰어가서 아들에게 유서를 전했다. 아들은 매우 놀라며 슬퍼했다.

장례가 끝나자 아들은 어떻게 하면 좋은가를 곰곰이 생각했다. 그는 랍비의 집으로 가서 상황을 설명하고, "어째서 아버지는 내게 재산을 남기지 않았습니까? 나는 아버지를 실망시킨 일이 한 번도 없는데요."라고 불평을 털어 놓았다.

랍비는 "천만에, 당신의 아버님은 매우 현명하고 또 당신을 진심으로 사랑하고 계셨소. 이 유서를 보면 그것을 잘 알 수 있지 않소!"라고 말했다.

아들은 "노예에게 전 재산을 주고 아들에게는 아무것도 남기지 않다니! 저에 대한 애정의 흔적도 없는 어리석은 행동이라 밖에는 생각되지 않습니다."라고 원망스럽다는 듯이 말했다.

랍비는 "당신도 아버님과 똑같이 현명하게 머리를 써야 해요. 아버님이 무엇을 바라고 있는가를 생각하면 당신에게 훌륭한 유산을 남긴 것을 알 수 있을 것이오."라고 했다. 이같은 입장에서 당신이라면 이 유서에서 무엇을 취할 것인가?

랍비는 아들을 향해서 다음과 같이 이야기했다.

"아버지는 먼저 자신이 죽을 때 아들이 곁에 없었기 때문에 노예가 자신의 재산을 갖고 도망치거나 재산을 써버리거나, 자기가 죽은 일조차 아들에게 전하지 않을지도 모른다고 생각하여 전 재산을 노예에게 주었소. 재산을 전부 주면 노예는 기뻐서 서둘러 당신을 만나러 갈 것이며 재산을 소중하게 간수해둘 것이라고 생각했던 것이오."

그러자 아들은, "그것이 내게 무슨 소용이 있습니까?"라고 말했다.

랍비는 "젊은이는 역시 지혜가 모자라는구면. 노예의 재산은 전부 주인에게 속한다는 것을 모르오? 당신의 아버님은 당신이 바라는 것 하나만 당신에게 주겠다고 말하고 있지 않소? 당신이 노예를 소유하면 그것으로 전 재산을 가지게 되오. 이것은 얼마나 애정이 깊은 현명한 생각이오!" 하고 말했다.

젊은이는 그제서야 겨우 깨닫고 랍비가 말하는 대로 행한 뒤에 노예를 해방시켜 주었다. 그리고는 그는 입버릇처럼, "나이 많은 사람의 지혜에는 따르지 못한다."고 말하곤 했다.

붕 대

법률이라는 것은 약과도 같은 것이다.

어느 나라의 왕이 상처를 입은 자기 아들에게 붕대를 감아 주면서, "아들아, 이 붕대를 감고 있는 동안만은 먹거나 달리거나 물에 들어간다 해도 아프지 않을 것이다. 그러나 이 붕대를 풀어 버리면 상처는 심해진다."라고 말했다.

인간도 이와 똑같은 것이다. 인간의 마음속에는 성악설에서와 같이 나쁜 짓을 하려는 성질이 있다. 그러나 법률을 마음속에 간직하고 있는 한 절대로 인간의 성질이 나쁘게 되지는 않는다.

대왕의 정의

알렉산더 대왕이 이스라엘에 왔을 때의 일이다.

유대인이 대왕에게, "대왕께서는 우리들이 갖고 있는 금과 은을 갖고 싶으신가요?"라고 물었다. 대왕은, "나에게는 많은 금과 은이 있기 때문에 조금도 그것을 원하지 않소. 단지 당신들의 습관과 당신들에게 있어서 정의란 무엇인가만 가르쳐 주시오."라고 말했다.

대왕이 머물고 있는 동안 두 사나이가 상담차 랍비에게 찾아 왔다. 그들의 말을 들으니 한 사나이가 또 한 사나이에게서 쓰레기 더미를 샀는데 그것을 산 사나이가 쓰레기 속에서 아주 비싼 금화를 발견했다는 것이다.

그래서 "나는 이 쓰레기만을 샀을 뿐 금화의 값까지 지불하지 않았다."고 판 사람에게 말했다. 그러나 판 사나이는, "내가 당신에게 판 것은 쓰레기 더미 전부이므로 그 속에 무엇이 들어 있건 모두 당신 것이오."라고 말했다.

랍비는, "당신에게는 딸이 있고 또 당신에게는 아들이 있으니 그렇다면 두 사람을 결혼시켜서 두 사람에게 그 금화를 주는 것이 올바른 일이다."라고 판정을 내렸다.

그 뒤 랍비는 알렉산더 대왕에게 물었다.

"대왕님! 당신 나라에서는 이럴 때에는 어떻게 판결을 내립니까?" 대왕은 의외로 아주 간단하게 답했다.

"우리 나라에서는 그 사람을 죽이고 내가 금화를 갖는다. 이것이 나에게 있어서의 정의다."

포도원

한 마리 여우가 포도원 옆에 서서 어떻게든지 포도원 안으로 들어가려고 벼르고 있었다. 그러나 울타리가 있어 기어들어갈 수가 없었다. 그래서 여우는 사흘 동안 단식하여 몸을 홀쭉하게 만든 후, 간신히 울타리 틈을 비집고 포도원에 들어가는 데 성공했다.

포도원에 들어간 여우는 포도를 실컷 먹은 다음 포도원을 빠져나가려고 했지만 이제는 배가 불러 울타리의 틈을 빠져나갈 수가 없었다. 그래서 할 수 없이 다시 3일 동안 단식하여 몸을 홀쭉하게 만들어 겨우 빠져나올 수가 있었다.

이때 여우가 말하기를, "결국 뱃속은 들어갈 때나 나갈 때나 똑같구나!"라고 했다.

인생도 그와 마찬가지이다. 발가숭이로 태어나 죽을 때에도 마찬가지로 발가숭이로 가지 않으면 안 된다.

사람은 죽어서 가족과 부귀와 선행의 세 가지를 이 세상에 남긴다. 그러나 선행 이외는 그리 대단한 것이 못 된다.

복수와 증오

"솥을 좀 빌려 달라."고 어떤 사나이가 말했다. 그러자 상대방은 싫다고 거절했다. 얼마 후 반대로 그 거절한 사나이가 "말을 좀 빌려 달라."고 했다.

그러자 그는, "네가 솥을 빌려 주지 않았는데 내가 왜 말을 빌려 줘!"라면서 거절했다. 이것은 복수이다.

"솥을 좀 빌려 달라!"고 어떤 사나이가 말했다. 상대방은 "싫다!"고 거절했다. 얼마 후 그 거절한 사나이가 "말을 좀 빌려 달라."고 했다.

처음의 사나이는 말을 빌려줄 때, "너는 솥을 빌려 주지 않았지만 나는 너에게 말을 빌려 주겠다."고 말했다. 이것은 증오이다.

선과 악

지구를 휩쓴 대홍수 때의 이야기다. 모든 동물이 노아의 방주를 찾아와 태워 주기를 호소했다. 선도 서둘러 달려왔다.

그러자 노아가 선을 태우기를 거절했다.

"나는 짝을 갖춘 것만을 태우라는 말씀을 받았다."라고 노아는 말했다.

그래서 선은 숲으로 돌아가 자기의 짝이 될 상대를 찾았다. 그리하여 악을 데리고 배로 돌아왔다. 그 뒤로 선이 있는 곳에는 악이 있게 되었다.

나무 열매

어떤 노인이 뜰에서 묘목을 심고 있었다. 그곳을 지나가던 한 나그네가 그것을 보고, "당신은 그 나무에서 언제쯤 열매가 열릴 것이라고 예상하십니까?"라고 물었다.

노인은, "아마 칠십 년 정도 지나면 열매가 열릴 것이오."라고 대답했다.

나그네는, "그러면 당신은 그토록 오래 살 수 있습니까?"라고 물었더니 노인은 미소를 지으면서, "아니오! 그렇지 않습니다. 내가 태어났을 때 과수원에는 열매가 풍성히 맺혀 있었습니다. 그것은 내가 태어나기 전에 나의 아버지가 나를 위해 묘목을 심어 주셨기 때문이었습니다. 지금 내가 하는 일도 그것과 마찬가지일 뿐입니다."라고 대답했다.

장님의 등불

어두운 곳을 어떤 사나이가 걷고 있었다. 그러자 반대편에서 장님이 등불을 들고 걸어왔다. 그래서 사나이는, "당신은 보아하니 장님인데 어째서 등불이 필요합니까?"라고 물었다.

장님은, "내가 이것을 들고 있으면 내가 걷고 있는 것을 눈뜬 사람이 알게 되기 때문에 서로 부딪치는 일이 없을 것입니다."라고 대답했다.

일곱 번째 사람

어떤 랍비가, "내일 아침에 여섯 명의 사람이 모여서 어떤 중대한 문제를 해결하기로 했다."고 말했다. 그런데 이튿날 아침이 되자 일곱 명의 사람이 모였다. 그 가운데 한 사람은 초대도 하지 않은 불청객이었다.

그래서 "여기에 올 필요가 없는 사람이 있으니, 당장 돌아가라!" 고 말했다. 그러자 그 가운데에서도 누가 보아도 꼭 참석해야 할 가장 유명한 사람이 일어나서 나가 버렸다.

그는 왜 그렇게 했을까?

만약 부름을 받지 않았거나 어떤 잘못으로 나온 사람이 굴욕감을 느끼지 않도록 하기 위해 자신이 나가 버린 것이다.

약 속

아름다운 아가씨가 가족과 함께 여행을 하고 있었다. 그러던 어느 날 그녀는 잠깐 혼자서 산책하고 있는 사이에 길을 잘못 들어 우물가까지 오게 되었다. 아가씨는 매우 목이 말라서 두레박을 타고 내려가 물을 마셨다. 하지만 다시 바깥으로 나갈 수가 없자 사람 살리라고 외치며 큰소리로 울었다.

때마침 한 젊은 청년이 지나가다가 아가씨를 구했고, 두 사람은 사랑을 맹세하는 사이가 되었다.

어느 날, 젊은 청년이 먼 여행길에 나서야 했을 때 그녀와 헤어지기 전에 마지막으로 만나서 서로 사랑에 대한 믿음을 계속 지키기로 굳게 약속했다. 두 사람은 결혼할 수 있는 날까지 언제까지라도 기다리자고 말했다.

두 사람은 약혼을 했고, 누군가 증인될 사람을 찾고 있을 때 때마침 족제비가 그곳을 지나 저 건너 숲속으로 달려갔다. 아가씨는 "지금 족제비와 우리 두 사람 옆에 있는 우물이 증인이지요."라고 말하며 두 사람은 헤어졌다.

그 뒤 몇 년이 지나도록 아가씨는 계속 정절을 지키며 청년을 기다리고 있었으나 그 청년은 먼 나그네 길에서 다른 여자와 결혼하여 아이도 낳고 즐거운 생활을 보내고 있었다.

어느 날, 그 아이가 놀다 지쳐 풀 위에서 잠들어 있을 때 족제비가 다가와서 잠들어 있는 아이의 목을 물어뜯어서 아이는 목숨을 잃고 말았다.

부모는 매우 슬퍼했다.

그러나 그 뒤 또 한 아이가 태어나, 두 사람은 다시 행복하게 되었다. 하지만 사내아이가 조금 자라서 걸어 다닐 수 있게 되었을 무렵에 그 아이는 우물가에서 우물 속에 비친 여러 가지 그림자를 들여다보며 재미있게 놀다가 우물에 떨어져 죽었다.

그제서야 아이의 아버지는 옛날 아가씨와 맹세했던 그 약속을 생각하게 되었고 그때의 증인이 바로 족제비와 우물이었다는 것도 생각해냈다.

그는 아내에게 이와 같은 사실을 설명하고 마침내 아내와 이혼하고 아가씨가 있는 마을로 돌아왔다.

아가씨는 그때까지 계속 혼자서 그를 기다리고 있었다. 그리고 두 사람은 결혼하여 행복하게 살았다.

가정과 평화

메이어라는 랍비는 매우 설교를 잘하는 랍비로 유명했다. 그는 매주 금요일 밤에 예배소에서 설교를 했는데 몇백 명이 넘는 사람들이 그의 설교를 듣기 위해 그곳으로 모여들었다.

그 가운데 그의 설교를 대단히 좋아하는 여자가 있었다. 보통 유대 여자들은 금요일 저녁에는 이튿날의 안식일을 준비하기 위해서 요리를 만들거나 다른 일을 해야 하는데도 이 여자는 그의 이야기를 들으러 왔다.

랍비는 오랜 시간 설교를 했고 그녀는 그의 이야기에 만족하며 늦은 시각에 집으로 돌아갔다. 그런데 남편이 문 앞에서 그녀를 기다리다 내일이 안식일인데도 아직 요리 준비도 하지 않고 무슨 일로 늦게 다니느냐며 화를 냈다. 그러자 그녀는 "나는 예배소에서 랍비 메이어의 이야기를 듣고 있었다."라고 말했다. 그러자 남편은 몹시 화를 내며, "네가 랍비의 얼굴에 침을 뱉고 돌아올 때까지는 집에 들여놓지 않겠다."고 말했다.

그래서 그녀는 할 수 없이 남편과 별거 생활을 하게 되었다.

메이어는 이 말을 듣고 자기의 이야기가 너무 길었기 때문에 한 가정의 평화가 깨져 버린 것을 깨닫고 그 문제를 해결하기 위해 지혜를 한 가지 생각해내고는 그녀를 초대하여 자기 눈이 쑤신다고 통증을 호소했다. 그리고 "이것은 침으로 씻어야 좋을 것 같군. 그렇게 하면 약이 될 테니까, 당신이 수고 좀 해주시오."라고 말했다. 그러자 그녀는 그의 눈을 향해 침을 뱉었다.

제자들이, "당신은 대단히 덕망 높은 랍비인데 어째서 여자가 얼굴에 침을 뱉게 내버려 두었습니까?"라고 물었다.

그러자 랍비는 "가정의 평화를 되찾기 위해서는 어떤 일이라도 해야 합니다."라고 대답했다.

지도자

뱀에 대한 이야기다. 뱀의 꼬리는 늘 머리 뒤에 달라붙어 따라다니게 마련이다. 어느 날, 마침내 꼬리가 불만을 터뜨리며 머리를 향해 말했다.

"어째서 나는 당신 부속물처럼 맹목적으로 달라붙어 다니며 당신만이 언제나 내 대신 의견을 말하고 가는 방향도 혼자서 정하는가? 이것은 정말 불공평하다. 나도 뱀의 일부분인데 언제나 노예처럼 달라붙어 따라다니기만 하니 말도 되지 않는다."

그러자 머리가 대꾸했다.

"아니, 무슨 말을 하는 거야? 너에게는 앞을 볼 눈도 없고 위협을 알아차릴 귀도 없으며 행동을 결정할 두뇌도 없지 않은가? 나는 절대 나만을 위해서 결정하는 것이 아니야! 너를 진정으로 생각하기 때문에 너를 인도하는 거야!"

꼬리는 큰소리로 비웃으며, "그런 말은 이제 싫증이 났어. 모든 독재자나 압제자들은 자기들을 따르는 자를 위하여 일한다면서 제 마음대로 하고 있지 않느냐."라고 대꾸했다.

머리는 "그렇게 불만이 있다면 네가 내 역할을 해봐라."고 말했다. 그러자 꼬리는 좋아하며 먼저 움직이기 시작했다. 하지만 뱀은 꼬리가 움직인지 얼마 지나지 않아서 도랑으로 굴러 떨어져 버렸다. 머리는 천신만고 끝에 간신히 도랑에서 빠져나올 수가 있었다.

이윽고 조금 더 앞으로 움직이자 꼬리는 가시투성인 떨기나무 속으로 들어가 버렸다. 그러나 꼬리는 애를 쓰면 쓸수록 몸이 가시덤불 속에 더욱 끼여 옴짝달싹 못 하게 되었다. 간신히 머리의 도움을 받고 상처를 입으면서 가시덤불 속에서 나올 수가 있었다.

꼬리가 다시 앞장서서 나가다 이번에는 불이 타고 있는 불길 속에 들어가 버렸다. 점점 몸이 뜨거워지고 갑자기 주위가 캄캄해지자 뱀은 무서워지기 시작했다. 절박해진 머리가 기를 쓰고 구해내려고 했지만 때는 이미 늦었다. 뱀의 몸은 불타기 시작했고 마침내는 머리도 함께 죽어 버리고 말았다.

머리는 결국 맹목적인 꼬리에 의해 희생된 것이다.

지도자를 선택할 때는 언제나 머리를 선택하여야 하며 꼬리와 같은 자를 선택해서는 안 된다.

세 개의 문

한 예루살렘 사람이 여행 도중에 병이 들었다. 그는 자신은 이제 살아날 수 없다고 판단하고 여관 주인을 불러, "나는 이제 곧 죽게 될 것 같은데 만약 내가 죽은 것을 알고 예루살렘에서 누군가가 찾아오면 내 소유물을 물려주기 바랍니다. 그러나 세 가지 착한 행동을 하지 않으면 내 소유물을 결코 주어서는 안 됩니다. 왜냐하면 내가 여행길에 나서기 전 내 아들에게 만약 내가 여행 중에 죽게 된다면 유산을 상속받기 위해서는 세 가지 착한 행동을 해야 한다는 조건을 붙였기 때문입니다."라고 말했다.

마침내 며칠이 지나자 그 사나이는 죽었고, 유대의 장례식에 의해 매장되었다. 동시에 동네 사람들에게 이 남자의 죽음이 알려졌고 예루살렘에도 이 소식이 전해졌다.

아들이 예루살렘에서 아버지의 사망 소식을 듣고 아버지가 죽은 도시의 성문 가까이까지 왔다. 그러나 그는 아버지가 죽은 여관을 알 수가 없었다. 왜냐하면 아버지가 자기가 죽은 여관을 아들에게 가르쳐 주지 말라고 유언했기 때문에 자신이 그 집을 직접 찾아내야만 했다.

때마침 땔나무 장수가 땔나무를 많이 지고 지나갔다. 아들은 그를 불러 세워 예루살렘에서 온 나그네가 죽은 여관에 그 땔나무를 갖고 가도록 이르고 땔나무 장수의 뒤를 따라갔다.

여관집 주인은, "나는 땔나무를 사려고 한 일이 없소."라고 말했다. 그러자 땔나무 장수는, "지금 내 뒤에 따라오는 사람이 이 땔나무를 사서 이 집에 갖다 주라고 말했습니다."라고 했다. 이것은 첫 번째 착한 행동이었다.

여관집 주인은 기뻐하며 그를 맞아들여 저녁식사를 마련해 줬다. 비둘기 다섯 마리와 닭 한 마리가 요리로 나왔다. 식탁에는 그 아들 말고 여관 주인과 그의 아내, 그리고 두 아들과 두 딸 등 모두 7명이 테이블에 둘러앉았다.

여관 주인이, "청컨대 음식을 모두에게 좀 나눠 주십시오."라고 말하자, 그는 "아닙니다. 당신이 주인이므로 당신이 하시는 게 좋겠습니다."라고 말했다.

그러자 주인은, "당신이 손님이므로 당신이 좋으실 대로 음식을 나눠 주십시오."라고 말했다. 그래서 아들은 음식을 나누기 시작했다.

먼저 한 마리의 비둘기를 두 아들에게 주었다. 또 한 마리의 비둘기를 두 딸에게 주고, 또 한 마리의 비둘기를 두 부부에게 주고 그는 두 마리의 비둘기를 자신을 위해 남겼다. 이것은 두 번째의 영리한 행동이었다.

여관주인이 이것을 보고 난처한 얼굴을 했으나, 아무 말도 하지 않았다. 다음에 닭을 나누기 시작했다. 먼저 머리를 주인 부부에게 준 다음 두 아들에게는 다리를 주었다. 두 딸에게는 날개를 주고 나머지 큰 몸통은 자신이 먹었다. 이것은 세 번째의 영리한 행동이었다.

이것을 본 여관 주인은 마침내 화를 내면서, "당신 나라에서는 이렇게 합니까? 당신이 비둘기를 나눠줄 때까지 나는 아무 말도 하지 않았지만 닭을 나누는 것을 보고 있으려니 이제 견딜 수가 없소! 도대체 이것이 무슨 짓이오?"라고 소리쳤다.

그러자 젊은 사나이는 이렇게 말했다.

"나는 음식을 나누는 일을 맡고 싶지 않았습니다. 그래도 당신이 간청하셨기에 나는 최선을 다했습니다. 당신과 부인, 비둘기를 합하면 셋, 두 아들과 비둘기를 합하면 셋, 딸 둘과 비둘기를 합하면 셋, 거기에 두 마리의 비둘기와 나를 합하면 셋이 됩니다. 그러니 이것은 공평합니다.

또 당신은 가장이므로 닭의 머리를 드렸습니다. 당신의 아들 둘은 이 집의 기둥이므로 두 개의 다리를 주었습니다. 딸들에게 날개를 준 것은 날개가 자라 다른 집안에 시집을 가버리기 때문입니다. 나는 배를 타고 여기에 와서 다시 돌아가야 하기 때문에 몸통 부분을 얻었던 것입니다. 그러니 빨리 아버지의 유산을 돌려 주십시오!"

사랑과 순결

어떤 사나이가 깊은 사랑에 빠져 마침내 병이 들고 말았다.

의사의 진찰 결과, "이것은 당신의 소망이 이루어지지 않아서 병이 든 것이니, 그 여자와 성관계를 가지면 틀림없이 낫는다."고 말했다.

그래서 그 사나이는 랍비에게로 가서 의사가 그렇게 말했지만 어떻게 하면 좋을지 의논했다. 랍비는 절대 여자와 성관계를 가져서는 안 된다고 말했다. 그래서 그는 만약 그 여자가 자기의 병을 낫게 하기 위해서 실오라기 하나 걸치지 않은 모습으로 자기의 앞에 서면, 자신의 울적함을 풀 수가 있어 병이 나아질 것 같다고 하자, 랍비는 그것 역시 안 된다고 했다. 그렇다면 그녀를 울타리 너머로 만나봐서 서로 대화라도 나누게 하면 어떻겠냐고 묻자, 랍비는 그것 또한 안 된다고 말했다.

물론 탈무드에는 이 여성이 결혼한 여자인지 아닌지는 밝혀져 있지 않다. 그러나 그 당사자나 다른 사람들 모두가 랍비에게 어째서 모든 일에 강력하게 반대만 하느냐고 따지듯이 말하자 그는 분명하고 낮은 목소리로, "인간은 정숙해야 하며 만약 사람이 서로 깊이 좋아한다고 해서 이내 성관계를 가진다면 이 사회의 규율은 지켜지지 않는다."라고 힘주어 말했다.

재 산

어떤 배 위에서 일어난 이야기다. 손님들은 모두 큰 부자들이었으며 그 가운데 랍비가 한 사람 타고 있었다.

부자들은 서로 자기들의 재산을 비교하며 자랑하고 있었다. 그러자 이 말을 듣고 있던 랍비가, "내가 여기서 제일 부자라고 생각하고 있지만 불행하게도 지금은 내 재산을 여러분에게 보여줄 수가 없소."

마침 그때 해적이 배를 습격했다. 부자들은 금은보석 등 자기들의 모든 재산을 잃었다. 해적이 사라진 뒤 배는 어떤 낯선 항구에 닿았다.

랍비는 곧 학식과 교양이 높다는 것이 항구 사람들에게 알려져 학교에서 학생을 모아 가르치게 되었다.

얼마 뒤 이 랍비는 배를 타고 함께 여행했던 지난날의 부자들과 만났는데 모두 비참한 가난뱅이가 되어 있었다. 그 사람들은, "확실히 당신 말이 옳았소. 교양이 있는 자는 모든 것을 갖고 있는 것과 같소."라고 말했다.

여러 가지 지식은 어떠한 경우에도 빼앗기는 일 없이 가지고 다닐 수 있으므로 교육이 가장 중요한 것이라는 사실이 입증되었다.

가난한 사람

옛날에는 가난뱅이였지만 갑자기 벼락부자가 된 사람이 있었다. 랍비 힐레르가 그에게 말 한 마리와 마부를 주었다. 어느 날 마부가 어딜 가고 없었다. 그러자 그 벼락부자는 자신이 3일 동안이나 말을 끌고 걸어갔다.

천국과 지옥

어떤 사나이가 아버지에게 닭을 잡아 드렸다. 아버지는 "이 닭을 어디서 구해 왔니?" 하고 물었다. 아들은 "그런 걱정은 하지 마시고 많이 잡수세요!'라고 말했기 때문에 아버지는 더 이상 아무 말도 묻지 않았다.

또 한 사나이는 연자방앗간에서 밀가루를 빻고 있을 때, 국왕이 포고를 내려 온 나라의 방아꾼을 모은다고 하므로, 아버지에게 방앗간을 돌보게 하고 자기가 성으로 갔다.

이 두 아들 가운데 어느 아들이 천국에 가고 어느 아들이 지옥에 떨어진다고 생각하는가? 그 이유는 무엇인가?

두 번째 사나이는 왕이 끌어 모은 노동자를 혹사하며 때리거나 좋은 음식을 주지 않는 것을 잘 알고 있었기 때문에 자신이 아버지를 대신해서 간 것이다. 그래서 그는 천국에 갈 수 있었지만 아버지에게 닭을 먹게 한 사나이는 아버지의 질문에 자세한 대답을 하지 않았기 때문에 지옥에 갔다.

진심으로 대하지 못할 바엔 차라리 아버지를 일하게 하는 쪽이 더 낫다.

악마의 선물

이 세상에 생겨난 최초의 인간이 포도를 재배하고 있었다. 악마가 포도원에 찾아와, "무엇을 하고 있는가?"라고 묻자, 인간은 멋진 식물을 심고 있지!'라고 말했다.

그러자 악마는, "나는 이런 식물은 본 일이 없었는데⋯⋯."라고 말했다.

인간은 악마에게, "이것은 아주 달콤하고 맛있는 열매가 열려서, 그 즙을 마시면 당신을 행복하게 만들 것이다."라고 말했다.

악마는 그렇다면 자기도 꼭 한몫 끼워 달라고 말하면서 양과 사자와 돼지와 원숭이를 데리고 와서는 이 네 마리의 동물을 죽여서 그 피를 비료로 쏟아 부었다 한다.

이것이 포도주가 생긴 유래이다. 먼저 마시기 시작할 때에는 양처럼 순하고 좀 마시면 사자처럼 강하게 되고 그보다 더 마시면 돼지처럼 더럽게 된다. 너무 지나치게 마시면 원숭이처럼 춤추거나 노래 부르거나 한다. 이것이 악마가 인간에게 준 선물이다.

효　도

유대인이 아닌 어떤 사람이 고대 이스라엘의 디미라는 도시에 살고 있었다. 그는 1,000개의 금화에 해당되는 값비싼 다이아몬드를 한 개 갖고 있었다. 어떤 랍비가 사원 침전 장식에 쓰려고, 6,000개의 금화를 갖고 그의 집으로 다이아몬드를 사러 갔다. 그러나 다이아몬드를 넣은 열쇠고리를 그의 아버지가 베개 밑에 놓고 잠을 자고 있었다. 사나이는, "아버지를 잠에서 깨울 수 없으니 다이아몬드를 팔지 않겠습니다."라고 말했다.

그만큼 막대한 돈벌이가 되는데도 잠들어 있는 아버지를 깨우지 않는 것은 대단한 효라고 감탄하며 랍비는 이 이야기를 사람들에게 퍼뜨렸다.

어머니

어떤 랍비가 어머니와 단둘이 길을 걷고 있었다. 돌멩이가 많은 울퉁불퉁한 길이어서 걷기가 매우 힘들었다. 랍비는 어머니가 한 걸음 내디딜 때마다 자기의 손을 어머니의 발밑에 옮겨 놓았다.

탈무드에 부모가 등장하면 언제나 아버지가 먼저 나오고 어머니는 나중에 등장하는데 이 이야기는 그 가운데 어머니만 나오는 단 한 편의 이야기다. 어머니도 아버지와 마찬가지로 귀중하다는 것을 나타내기 위한 것이리라. 그러나 부모가 두 사람 다 물을 마시고 싶다고 하면 물은 아버지에게 먼저 가져간다. 왜냐하면 어머니도 아버지를 귀중하게 여기지 않으면 안 되는 입장이므로 어머니에게 가져가도 아버지에게 건네주게 되기 때문이다.

처 형

어느 곳에 닭이 한 마리 있었는데 그 닭이 아이를 쪼아 죽였다고 해서 재판에 넘겨졌다. 조그마한 요람에 넣어둔 갓난아기의 머리를 닭이 쪼아서 아이가 죽었기 때문이었다. 증인이 불려나가 여러 가지 증언을 했으나 불쌍하게도 닭은 유죄판결이 내려져 죽게 되었다.

이 교훈은 비록 보잘것없는 생물인 닭이라 할지라도 살인자로서 확실히 유죄라는 것이 확정되지 않는 한 간단히 죽일 수 없다는 것을 가르친 것이다.

양과 호랑이

양과 호랑이는 같은 우리 안에서 살 수 있을까? 답은 '아니다' 이다. 이와 마찬가지로 사람도 시어머니와 며느리가 한 지붕 밑에서 살 수 없다.

두 시간 동안

어느 왕이 포도원을 갖고 있어 많은 노동자를 고용하고 있었다. 그 가운데 한 노동자는 아주 능력이 뛰어나서 같은 시간 안에 남보다 훨씬 많은 일을 할 수 있었다. 어느 날 왕은 포도원을 찾아가 그 뛰어난 재능을 가진 노동자와 둘이서 포도원 안을 산책했다.

왕이 노동자들에게 매일 일을 한 대가로 동전을 주는 것은 유대의 관례였다. 그래서 하루 일이 끝나자 노동자들은 줄을 서서 임금을 받으러 왔다. 노동자들은 모두 똑같은 임금을 받았다. 그런데 그 뛰어난 노동자가 임금을 받았을 때 다른 노동자가 화를 내며, "그 사나이는 두 시간밖에 일하지 않았고 나머지 시간은 왕과 함께 빈둥거리고 있었을 뿐이다. 그런 사람이 우리들과 똑같은 임금을 받다니 말도 안 된다"고 왕에게 항의했다.

그러자 왕은 "너희들이 하루 종일 걸려서 한 일보다도 더 많은 일을 이 사나이는 두 시간 동안에 모두 해냈다."라고 말했다.

오늘 죽은 28살의 랍비도 다른 사람이 백 년 산 것보다도 더 많은 업적을 이룩했다. 문제의 핵심은 몇 년 살았느냐가 아니고 얼마만큼 많은 업적을 남겼느냐라는 점에 있다.

일곱 단계

탈무드에 따르면 남자의 생애는 7단계로 나뉜다.

1. 1살은 임금님 : 모두가 왕을 모시듯이 달래거나 어르거나 비위를 맞춘다.

2. 2살은 돼지 : 흙탕 속을 뛰어다닌다.

3. 10살은 양 : 웃고 떠들며 뛰어다닌다.

4. 18살은 말 : 크게 자라서 자기의 힘을 남에게 과시해 보려 한다.

5. 결혼하면 당나귀 : 가정이라는 무거운 짐을 지고 터벅터벅 걸어가야만 한다.

6. 중년은 개 : 가족을 살리기 위해 사람들의 호의를 구걸해야 한다.

7. 노년은 원숭이 : 어린이로 되돌아가지만 아무도 관심을 기울여 주지 않는다.

자 루

쇠가 처음으로 만들어졌을 때, 온 세계의 나무들이 벌벌 떨었다.
하나님이 나무를 향해서, "걱정하지 말라! 쇠는 너희가 자루를 제공
해 주지 않는 한 너희를 상하게 하지는 못한다."라고 말씀하셨다.

영원한 생명

랍비가 어느 시장에 찾아왔다.

"이 시장에는 영원한 생명을 약속하기에 알맞은 사람이
있다."고 랍비는 말했다.

그러나 모두들 그러한 사람은 어디에도 없을 것이라고
생각했다. 그때 두 사람이 랍비가 있는 곳으로 들어왔다. 그러자 랍
비가, "이 두 사람이야말로 훌륭한 선인이다. 영원한 생명이 주어져
도 좋을 것이다"라고 말했다.

주위의 사람들이, "당신이 장사하는 것은 도대체 무엇입니까?"
라고 묻자, 두 사람은 이렇게 대답했다.

"우리들은 익살 광대입니다. 쓸쓸한 자에게는 웃음을 주고 다투
고 있는 자들에게는 평화를 준답니다."

거미와 모기와 미치광이

다윗 왕은 평소에 거미는 장소를 가리지 않고 집을 아무 데나 짓는 더러운 동물이며 아무 소용도 없는 벌레라고 생각하고 있었다.

그런데 어느 전쟁에서 다윗왕은 적군에게 포위되어 달아날 길을 잃고 말았다.

궁여지책으로 그는 하는 수 없이 어떤 동굴에 숨어들었다. 이 동굴의 입구에는 마침 한 마리의 거미가 집을 짓기 시작하고 있었다. 이윽고 뒤쫓아온 적 병사는 일단 동굴 앞에 멈춰 섰으나, 거미줄이 쳐져 있는 것을 보고 모두 돌아가 버렸다.

또 어떤 때, 다윗 왕은 적 장군의 침실에 숨어들어가 칼을 훔쳐 이튿날 아침에, "나는 당신의 칼을 빼앗을 정도이니 당신 죽이는 일은 간단히 해낼 수 있다."고 선심 쓰는 듯이 뽐내려고 했다.

그러나 그 기회가 좀처럼 오지 않았다. 간신히 침실에 숨어들기는 했으나 칼은 장군의 다리 밑에 들어가 있어서 그런 상태로는 도저히 빼앗을 수가 없었다.

다윗 왕은 마침내 단념하고 되돌아가려고 했다.

그런데 바로 그때였다. 한 마리의 모기가 날아와, 장군의 다리에 앉았다. 장군은 무의식중에 다리를 움직였다. 그 순간 다윗 왕은 칼을 훔치는 일에 성공했다.

또 다윗 왕이 적에게 포위되어 아슬아슬할 때, 그는 갑자기 미치광이 흉내를 냈다. 병사들은 설마 이 미치광이가 왕이라고는 생각지도 않고 지나쳐 버렸다.

세상에는 필요 없는 것이라고는 하나도 없다. 그러므로 하찮은 어떠한 것이라 할지라도 결코 소홀히 해서는 안 된다.

교훈이 되는 이야기

어떤 배가 폭풍 속에서 항해를 계속하다가 항로를 벗어나 버렸다. 다음 날 아침이 되자 바다는 다시 고요해졌고, 배는 아름다운 항구에 닿아 있었다. 배는 그곳에 닻을 내리고 잠시 쉬기로 했다. 그 섬에는 아름다운 꽃이 만발하게 피어 있고 맛있게 보이는 과일이 있었으며 시원한 나무 그늘에서는 새들이 즐겁게 지저귀고 있었다.

배의 손님들은 다섯 개의 그룹으로 나뉘었다.

첫째 그룹은 자기들이 섬에 올라가 있을 동안 적당한 순풍이 불어서 배가 떠나가 버릴지도 모르므로 아무리 이 섬이 아름다워도 자기들의 목적지에 빨리 갈 계획으로 상륙하지 않고 그대로 배에 남았다.

둘째 그룹은 서둘러 섬에 올라가 향기로운 꽃 냄새를 맡고 푸른 나무 그늘 아래서 맛있는 과일을 따먹고는 기운을 되찾은 후에 곧 배로 돌아왔다.

셋째 그룹은 상륙해서 섬에 오래 머물러 있었지만 때마침 좋은 바람이 불어 배가 출항해 버릴 거란 생각에 당황하여 돌아왔기 때문에 소지품을 잃어버리거나 자기들이 힘들게 차지하고 있던 배 안의 좋은 자리를 빼앗기고 말았다.

넷째 그룹은 바람이 불어서 선원들이 닻을 올린 것을 보았는데도 아직 돛이 다 올려지지 않았으니 선장이 자기들을 남기고 출항할 리는 없으리라는 생각을 하면서 그 섬에 남아 있었다. 그러나 정말로 배가 항구를 떠나려는 것을 보고는 당황하여 헤엄쳐서 배의 옆으로 기어올랐기 때문에 바위나 배에 긁혀 상처를 입었으며 그 상처는 항해가 끝날 때까지 낫지 않았다.

다섯 번째 그룹은 너무 많이 먹고 또 아름다운 섬에 도취되어 배가 출항할 때 울리는 종소리조차 듣지 못했다. 그 때문에 숲속에 있던 맹수에게 잡아먹히거나 독이 든 과일 따위를 먹고 병이 들어 모조리 죽고 말았다.

당신이라면 어느 그룹에 속했을까? 잠깐 생각해 주기 바란다.

이 이야기에 나오는 배는 인생에 있어서의 선행을 상징하며, 섬은 쾌락을 상징하고 있다. 첫째 그룹은 인생에서 쾌락을 조금도 맛보려고 하지 않았다. 둘째 그룹은 조금은 쾌락에 빠졌지만 자신이 배를 타고 목적지에 도착해야 한다는 의무는 잊지 않은 가장 현명한 그룹이다. 셋째 그룹은 쾌락에 지나치게 잠기지 않고 돌아왔지만 역시 좀 고생을 했고, 넷째 그룹은 돌아왔지만 돌아오는 것이 늦었기 때문에 목적지에 도착하기까지 상처가 아물지 않았다.

그러나 인간이 빠지기 쉬운 것이 바로 다섯 번째 그룹이다. 일생을 허영 때문에 살거나, 장래의 일을 잊어버리거나, 달콤한 과일 속에 독이 들어 있는 것도 모르고 마구 먹고 죽어 간다.

사랑의 편지

 어느 곳에 젊은 남자와 아름다운 아가씨가 있었다. 두 사람은 사랑에 빠져 남자는 아가씨에게 자기는 일생 동안 정절을 지킬 것을 맹세했다.

얼마 동안은 두 사람의 사랑이 순조로워서 행복한 나날을 보낼 수가 있었다. 그러나 어느 날 남자는 아가씨를 남기고 여행길에 나서야 했다. 아가씨는 그가 돌아오기를 기다렸으나 오랜 세월 동안 그는 돌아오지 않았다.

친구들은 아가씨를 불쌍히 여겼고 아가씨를 시기하는 자들은 "그는 절대로 돌아오지 않을 거야." 라며 비웃었다. 그녀는 집으로 돌아가, 그가 일생 동안 정절을 지킬 것을 맹세했던 편지를 꺼내어 눈물을 흘리면서 읽었다. 편지는 그녀의 마음을 위로해 주었고 힘이 되었다.

드디어 어느 날 연인이 돌아오자 아가씨는 그 동안의 괴로움을 그에게 호소했다.

그러자 그는 "그렇게 괴로웠는데, 어떻게 정절을 지킬 수 있었소?"라고 물었다. 그러자 아가씨는 "나는 이스라엘과 똑같은 몸입니다."라고 말하며 웃었다.

이스라엘이 다른 나라의 지배 아래 있을 때, 다른 나라 사람들은 모두 유대인을 비웃었다. 이스라엘이 독립한다는 이야기를 듣자, 주위 사람들은 또 이스라엘의 현인들을 바보 취급했다. 유대인은 학교나 예배소에서만 이스라엘을 지켜 왔다. 유대인은 하나님이 이스라엘에게 주신 맹세를 계속 읽어내려 왔고 사람들은 그 속에 있는 거룩한 약속을 믿고 살아 왔다.

하늘 지붕

유대에는 사내아이가 태어나면 삼나무 묘목을 심고 계집아이가 태어나면 소나무 묘목을 심는 풍습이 있다. 두 사람이 결혼할 때, 소나무 가지와 삼나무 가지로 하늘 지붕을 만들어 두 사람을 휘덮는다. 누구라도 신부가 하늘 지붕 안으로 들어가는 것을 알고 있어도 거기에서 무슨 일이 일어나는지 말해서는 안 된다.

참다운 이득

몇 사람의 랍비가 악인의 무리와 마주쳤다. 이 악인들은 흡사 흡혈귀와도 같은 악질 인간들이었다. 그만큼 교활하고 그만큼 잔인한 인간들은 이 세상에 없었다.

한 사람의 랍비는 이러한 인간들을 물에 빠져서 모두 죽어 버렸으면 좋겠다고 말했다. 그러나 랍비 가운데에서 가장 위대했던 랍비가 이렇게 말했다.

"아니오, 유대인이 그런 생각을 가져서는 안 되오. 아무리 이 인간이 죽어 버리는 게 좋다고 생각하더라도 그러한 일을 기도해서는 안 되오. 악인들이 멸망하는 것을 기대하기보다는 악인들이 참회하는 것을 바라야 하오."

악인을 벌하는 것은 이쪽에게 아무런 이득이 되지 않는다. 그들을 회개시키거나 이쪽 편으로 끌어들이지 않는 한 오히려 손해가 될 뿐이다.

남긴 것

《구약성서》에 인류 최초의 여성은 아담의 갈비뼈 한 개를 빼내어 만들어졌다고 씌어 있다.

로마 황제가 어떤 랍비의 집을 방문하여, "신은 도둑이다. 어째서 남자가 잠들어 있는 사이에 남자의 허락도 받지 않고 갈비뼈를 훔쳐 갔는가?"라고 물었다.

그러자 랍비의 딸이 곁에서 대화에 끼어들었다.

"황제의 부하 한 사람을 빌려 주십시오. 조금 곤란한 문제가 생겨서 그것을 조사시키려고 합니다."

황제는, "그건 별로 어려운 일이 아니지만 도대체 그 문제란 무엇인가?"라고 물었다.

딸은 "어젯밤, 도둑이 집에 들어와서 금고 하나를 훔쳐 갔습니다. 그 대신에 도둑은 금 그릇을 두고 갔습니다. 어째서 그렇게 했는지 조사해 보고 싶어서입니다."

황제는 "그것 참 부럽구나. 그런 도둑이라면 내게도 들어왔으면 좋겠는데!"라고 말했다.

그러자 랍비의 딸은 이렇게 말했다.

"그럴 겁니다. 그것은 결국 아담의 몸에서 일어난 일과 똑같지 않습니까? 하나님은 갈비뼈를 하나 훔쳐갔지만 이 세상에 여자를 남겼습니다."

여성 상위

어떤 선량한 부부가 이혼을 했다.

남편은 곧 재혼했으나 나쁜 여자를 만났으므로 그는 새로 얻은 여자와 마찬가지로 나쁜 사람으로 전락하고 말았다.

아내 쪽도 역시 나쁜 사나이와 재혼했다. 그러나 나쁜 사나이는 선량한 사람이 되었다.

언제나 남자는 여자에 의해서 조종된다.

은자의 죄

만약 유대인이 모든 세속에서 일체 자기를 단절한 채 10년 동안 공부만 한다면 10년 뒤에 하나님께 희생물을 바쳐 용서를 빌지 않으면 안 된다.

그 까닭은 아무리 훌륭한 공부를 했더라도 사회와 자기를 스스로 단절시킨 것은 죄가 되기 때문이다. 그러므로 유대에는 은둔자가 존재하지 않는다.

법 률

유대 법률에는 대부분의 사람이 지킬 수 없을 정도의 까다롭고 어려운 법률을 만들어서는 안 된다는 원칙이 있다.

벌거숭이 임금님

매우 상냥하고 친절한 부자가 살고 있었다.

그는 노예를 기쁘게 해주려고 배에 많은 물건을 실어 배와 함께 통째로 그에게 주었다. 그리고 어디든지 좋은 데로 가서 이 물건을 팔아 그곳에서 행복하게 살라고 말하며 해방시켜 주었다.

배는 바다 한가운데로 나갔다. 그런데 마침 폭풍우가 불어서 배는 좌초되어 침몰하고 말았다. 짐은 모두 없어지고 노예는 알몸 하나로 간신히 가까운 섬에 헤엄쳐 닿았다. 노예는 모든 것을 잃었기 때문에 깊은 슬픔에 잠겼다.

노예는 슬퍼하며 무심코 섬을 걷다가 섬 안에 큰 도시가 있음을 발견했다. 그는 몸에 아무것도 걸치지 않고 있었다.

그러나 그가 도시에 들어가자, 도시 사람들이 반가이 맞아들이고 "임금님 만세!" 라고 외치며 그를 왕으로 받들었다.

그는 호화스런 궁전에 살게 되어 자기가 꿈을 꾸고 있는 것은 아닌가 하고 생각했다. 아무리 해도 믿을 수 없어 그는 어떤 사람에게, "도대체 이게 어찌된 일인가? 나는 돈 한 푼 없는 빈털터리인데도 임금님이 되다니, 도대체 어찌된 일인가?" 하고 물었다.

그러자 그 사람은 "우리들은 살아 있는 인간이 이 섬에 찾아와서 우리들의 왕이 되어 주기를 바라고 있었습니다. 그러나 조심하십시오. 일 년이 지나게 되면 당신은 여기서 쫓겨나 살아 있는 것이나 먹을 것도 없는 외로운 섬에 혼자 버려질 것입니다." 라고 말했다.

임금님이 된 노예는, "정말 고맙구나, 그렇다면 이제부터 일 년 뒤를 위해 여러 가지 준비를 해두기로 하자." 라고 말했다. 그리하여 그는 사막과 같은 장소에 가서 꽃을 심고 과일을 심고 1년 뒤를 대비하기 시작했다.

1년이 지나자 그는 그 즐거운 섬에서 쫓겨났다. 그는 왕이었으면서도 처음 이 섬에 왔을 때와 똑같은 벌거숭이의 모습으로 죽음의 외로운 섬에 보내졌다. 황폐한 섬에 도착해 보니 과일이 열리고 야채가 자라서 아주 살기 좋은 땅으로 변해 있었다. 또 먼저 그곳으로 쫓겨났던 사람들도 따뜻이 그를 맞아들였다. 그래서 사람들은 그와 함께 행복하게 살 수 있었다.

이 이야기는 여러 가지 뜻을 담고 있다. 먼저 처음의 친절한 부자는 고마우신 하나님, 노예는 사람의 영혼, 그가 갔던 처음의 섬은 지상의 세계, 그곳에 살고 있던 주민들은 인류, 1년 뒤에 갔던 황폐

한 섬은 내세, 그곳에 있었던 야채나 과일은 선행을 상징하고 있다.

만찬회

왕이 하인들에게 만찬회에 초대하겠노라고 약속했다. 그러나 언제 만찬회가 열리는지 시각은 말하지 않았다.

그 가운데 현명한 하인은 왕의 일이니까 언제라도 만찬회는 열릴 것이니 그 만찬회를 위해 준비를 해두자라는 생각에 만찬회가 열릴 때까지 왕궁의 정문 앞에 가서 기다렸다. 그러나 어리석은 하인은 만찬회는 준비하는 데 시간이 걸릴 테니 열리기까지는 아직 시간이 있을 것이라고 생각하고 아무런 준비도 하지 않았다.

만찬회가 열렸을 때, 현명한 하인은 곧 정문으로 들어가서 만찬회에 참석할 수 있었지만 어리석은 하인은 만찬회의 요리를 먹지 못했다.

당신은 언제 하나님의 부름을 받을지 전혀 모른다. 창조주로부터 만찬회에 초대되었을 때 당황하지 않도록 언제라도 준비가 되어 있어야 한다.

육체와 영혼

왕은 오차라고 하는 매우 맛있는 과일이 열리는 과일나무를 가지고 있었다.

이 과일 나무를 지키기 위해서 그는 두 사람의 파수꾼을 고용했다. 한 사람은 소경이었고, 또 한 사람은 절름발이었다. 그런데 두 사람은 함께 힘을 합해 과일을 따 먹기 위한 흉계를 꾸몄다. 소경이 절름발이를 목말 태우고 절름발이는 방향을 가리켜서, 맛있는 과일을 실컷 훔쳐 먹었다.

이런 사실을 안 왕은 몹시 화가 나서 두 사람을 심문하자 소경은 나는 앞을 보지 못하니 따먹을 수 없다고 말하고, 절름발이는 높은 곳에 내가 어떻게 올라갈 수가 있겠느냐고 핑계를 댔다.

왕은 두 사람의 말을 믿지 않았지만 그것도 옳은 말이라고 생각했다. 무슨 일이라도 두 사람의 힘은 한 사람의 힘보다도 훨씬 위대하다. 인간은 연약한 육체만으로는 아무것도 할 수 없지만 서로 힘을 합하면 어떤 나쁜 일이라도 할 수 있다.

분실물

어떤 랍비가 로마에 갔을 때 거리에 포고가 내려져 있었다. 그 포고에는, "왕비가 아주 비싼 보석을 잃어버렸다. 30일 만에 그것을 발견한 자에게는 막대한 상금을 주겠으나 만약 30일 이후 그것을 갖고 있는 자가 발견되면 사형에 처한다."라고 씌어 있었다.

어떤 랍비가 그 보석을 우연히 발견하여 31일째 되던 날 왕궁에 갖고 가서 왕비 앞에 내놓았다. 그러자 왕비가 랍비에게, "당신은 삼십 일 전에 포고가 내렸을 때 여기에 있었습니까?" 하고 물었다.

"그러자 랍비는 "네!"라고 대답했다. 왕비는 "삼십 일이 지나서 그것을 가져오면 당신은 어떤 벌을 받게 되는지 압니까?"라고 물었다. 그는 역시 "네!"라고 대답했다.

그러자 그녀는 "그렇다면 어째서 삼십 일째까지 이것을 가지고 있었는가? 만약 당신이 어제 이것을 되돌려 주었다면 아주 큰 상을 받았을 텐데, 당신은 목숨이 아깝지 않은가?"라고 물었다.

그러자 그는 이렇게 대답했다.

"삼십 일 안에 누군가가 이것을 되돌려 주었다면 그것은 당신을 두려워하든가, 당신에게 경의를 표하기 위하여 되돌려 주었을 것입니다. 그런데 내가 오늘까지 기다린 후 되돌려 주러 온 것은, 나는 결코 당신을 두려워하고 있지 않으며 내가 두려워하고 있는 것은 하나님이라는 것을 사람들에게 가르치고 싶었기 때문입니다."

그 말을 듣고 왕비는 경건한 태도로, "그와 같은 훌륭한 하나님을 가진 당신에게 깊은 경의를 표합니다."라고 말했다.

희 망

랍비 아키바가 여행길에 올랐다. 그는 당나귀와 개와 작은 램프를 갖고 있었다. 어둠이 내리기 시작하자 아키바는 허술한 헛간을 찾아내어 그곳에서 자기로 했다. 그러나 아직 잠자기에는 이른 시각이었기에 그는 램프에 불을 켜고 책을 읽기 시작했다. 그러나 바람이 불어와 램프의 불이 꺼져 버렸기 때문에 그는 어쩔 수 없이 잠자리에 들었다.

그런데 그날 밤 불운하게도 여우가 개를 죽여 버렸고, 사자가 당나귀를 죽여 버렸다.

아침이 되자 그는 램프만을 갖고 혼자서 쓸쓸히 출발했다. 어떤 마음에 들어가니 한 사람도 보이지 않았다. 잠시 후에 그는 지난 밤 도적들이 들이닥쳐 마을을 파괴하고 사람들을 몰살시켰다는 것을 알게 되었다.

만약 램프가 바람에 꺼지지 않았더라면 아키바도 틀림없이 도적에게 발견되었을 것이다. 개가 있었더라면 개가 짖어대어 도적에게 발견되었을지도 모른다. 당나귀도 역시 틀림없이 소란을 피웠을 것이다. 모든 것을 잃어버린 덕분에 그는 도적에게 발견되지 않았다.

랍비는 '최악의 상태에서도 인간은 희망을 잃어서는 안 된다. 나쁜 일이 좋은 결과를 가져올 수도 있다는 것을 알아야 된다.' 라는 것을 깨달았다. 호랑이에게 물려가도 정신 차리라는 말과 같다.

황제와 유대인

역대 로마 황제 가운데 헤도리우스는 유대인을 가장 혐오하던 황제였다. 어느 날 헤도리우스의 앞을 어떤 유대인이 지나갔다.

그는 "황제 폐하, 안녕하셨습니까?" 라고 인사를 했다. 그러자 황제는 "너는 도대체 누구냐?" 라고 물었다.

"저는 유대인입니다."라고 대답하자 황제는 "당장 저놈의 목을 베어 사형에 처하라!"고 명령했다.

이튿날 유대인이 또 황제 곁을 걷고 있었으나, 이번에는 아무런 인사도 하지 않았다.

그러자 황제는 "로마의 황제에게 경의를 표하지 않은 죄로 저놈의 목을 잘라라."라고 군사에게 명했다. 그러자 황제의 주위에 있던 사람들이 "폐하, 폐하는 어제 폐하께 인사한 사람도 죽였고 이번에는 인사를 하지 않았다는 이유로 죽였는데 도대체 어찌된 까닭입니까?"라고 물었다.

그러자 황제는 이렇게 대답했다.

"내가 한 일은 양쪽 다 옳은 것이다. 너희들은 알 수 없겠지만 나는 유대인의 취급 방법을 알고 있다."

이 이야기는 유대인이 무엇을 하더라도, 반 유대인이었던 헤도리우스 황제는 유대인이라는 이유만으로도 죽여 버렸다고 하는 비통한 이야기이다.

암시

어떤 로마 장교가 랍비와 만나 이야기하기를 "유대인은 매우 현명하다고 들었는데, 오늘 밤 내가 무슨 꿈을 꾸면 좋은가를 가르쳐 달라."고 했다.

그 무렵 로마의 가장 큰 적은 페르시아였다.

"페르시아가 로마에 대하여 기습을 감행해서 로마군을 크게 쳐부수고 로마를 지배하여 로마인을 노예로 삼는 로마인이 제일 싫어하는 꿈을 꿀 것이오."라고 랍비는 말했다.

이튿날 로마의 장교가 랍비한테 찾아와, "어떻게 당신은 내가 어젯밤에 꾼 꿈을 미리 예언할 수 있었소?" 하고 물었다.

그 장교는 꿈이 암시에서 생긴다는 것을 알지 못했고 자기가 암시에 걸려 있었다는 사실도 알지 못했던 것이다.

무언극

로마의 황제가 이스라엘의 가장 위대한 랍비와 친교를 맺고 있었다. 그 까닭은 두 사람 모두 생일이 똑같기 때문이었다.

두 나라의 관계가 그다지 원만하지 못할 때에도 두 사람은 늘 친교관계를 계속 유지했다. 그러나 황제가 랍비와 친구인 것은 두 나라 정부의 관계로 보아 그렇게 환영받을 일은 아니었다. 그래서 황제가 랍비에서 조언을 구할 때에는 사자를 보내어 간접적인 방법을 써야 했다.

어느 날 황제는 랍비에게 메시지를 보내서, "나는 두 가지 이루고 싶은 일이 있다. 하나는 내가 죽으면 아들을 황제로 삼고 싶고, 두 번째는 이스라엘에 있는 타이베리아스라는 도시를 관세 자유 도시로 만들고 싶다. 나는 그 두 가지 가운데 한 가지밖에 이룰 수가 없는데 두 가지 일을 한꺼번에 이루려면 어떻게 하면 좋은가?'라고 물었다.

그 당시 두 나라 관계는 대단히 악화되고 있었기 때문에, 황제의 질문에 랍비가 대답했다는 사실이 알려지면 국민들에게 대단히 큰 악영향을 끼칠 것이 명백했다. 따라서 랍비는 그 질문에 대해서 해답을 보낼 수가 없었다.

황제가 돌아온 사자에게, "메시지를 전했을 때 랍비는 무엇을 하고 있었나?"라고 물었다.

그러자 사자는 이렇게 대답했다.

"랍비는 아들을 목말 태우고 비둘기를 아들에게 주었습니다. 그러자 아들은 그 비둘기를 하늘에 날려 주었습니다. 그 밖에는 아무 행동도 하지 않았습니다."

황제는 랍비가 말하려는 뜻을 짐작할 수 있었다.

"먼저 왕위를 아들에게 물려주고 그 다음에 아들이 관세 자유 도시로 만들면 된다."

다음에 또 황제로부터 다음과 같은 질문이 전달되었다.

"나의 신하들이 내 마음을 심히 괴롭히고 있다. 나는 어떻게 하면 좋겠는가?"

랍비는 역시 똑같은 판토마임으로 정원 앞 채소밭으로 나가서 야채를 한 포기 뽑아 왔다. 몇 분 뒤 다시 밭에 들어가 또 야채 한 포기를 뽑았다. 조금 지나자 다시 똑같은 일을 했다. 그것으로 끝이었다. 로마 황제는 랍비의 메시지를 알 수 있었다.

"한 번에 당신의 적을 멸망시키지 말라. 몇 번에 나누어 하나씩하나씩 없애라."

인간의 의사는 말이나 문장에 의하지 않고도 충분히 나타낼 수 있는 법이다.

마 음

인간의 육체는 마음에 따라 움직인다. 마음은 보고, 듣고, 서고, 걷고, 기뻐하고, 굳어지고, 부드러워지고, 슬퍼하고, 무서워하고, 오만해지고, 남에게 설득되고, 사랑하고, 미워하고, 원망하고, 찾고, 반성한다.

가장 강한 인간은 그 마음을 알맞게 조정할 수 있는 인간이다.

기 도

어떤 배에 여러 나라에서 모여든 사람들이 타고 있었다. 갑자기 폭풍우가 불어 왔다. 사람들은 저마다 자기 나라와 자기 나름대로 믿는 신을 향하여 각자의 방법으로 기도했다. 그런데도 폭풍우는 점점 더 거세게 불어닥쳤다.

사람들은 모두 유대인을 향해서, "당신은 어째서 기도하지 않는가?"라고 말하자 유대인도 기도하기 시작했다. 폭풍우는 곧 잠잠해졌다.

배가 항구에 닿자 사람들은, "어째서 신은 우리들이 정성들여 기

도했을 때는 우리 기도를 들어 주지 않고 당신이 기도하자 폭풍우
가 잠잠해졌을까요?"라고 물었다.

유대인은 이렇게 대답했다.

"나도 잘 알 수 없지만 여러분은 저마다 자기 나라에서 믿는 신에
게 기도했습니다. 바빌로니아 사람은 바빌로니아 신에게 기도하고,
로마 사람은 로마의 신에게 기도했습니다. 그러나 바다는 어느 나
라에도 속해 있지 않습니다. 우리들의 신은 전 우주를 지배하는 넓
고 큰 신이기 때문에 바다에서 기도한 내 소원도 들어 주셨던 것입
니다."

도둑맞은 물건

한 재판관이 있었다. 어느 날 그가 시장을 걷고 있다가 시장에서
장물이 매매되고 있는 것을 발견했다. 그는 재판소에서 사람들이나
도둑을 가르치기 위해 무언가 하나 시위 행위를 하려고 했다.

그는 족제비를 한 마리 꺼내 작은 고깃덩이를 하나 주었다. 그러
자 족제비는 그것을 입에 물고 곧 자기의 작은 구멍에 감췄다. 보고
있던 시민들은 족제비가 어디에 고기를 감췄는지 곧 알았다.

재판관은 거기에 가서 그 구멍을 메워 버렸다. 그리고 족제비에
게 더 많은 고깃덩이를 주었다.

그러자 족제비는 구멍이 있던 장소로 달려갔으나 구멍이 막혀 있
는 것을 깨닫고 그 고기를 문 채 다시 재판관 앞으로 돌아왔다. 족제

비는 자기가 갖고 있는 고기가 처치 곤란했던지 고기를 준 사람 앞으로 다시 돌아온 것이다. 이 광경을 본 시민들은 그 뜻을 깨닫고 시장에 있는 물건들을 조사해 보고 자기가 도둑맞은 물건이 그 시장 안에서 팔리고 있는 것을 비로소 알게 되었다.

시집가는 딸에게

내 딸아! 만약 네가 남편을 왕처럼 존경한다면, 그는 너를 여왕처럼 다룰 것이다.

그러나 네가 노예처럼 행동하면, 남편은 너를 노예처럼 다룰 것이다.

만약 네가 너무 자존심이 높아서 남편에게 봉사를 게을리한다면 그는 너를 하녀로 만들어 버릴 것이다.

만약 남편이 그의 친구를 방문할 때는 그가 목욕탕에 들어가서 옷차림을 단정하게 한 후 방문하도록 해야 한다. 그렇게 하면 남편이 소중하게 여길 것이다.

늘 가정에 신경을 쓰고 남편의 소지품을 소중하게 해라. 그는 기뻐서 너의 머리 위에 관을 씌워줄 것이다.

숫 자

내가 어떤 사람을 말로 중상했다고 가정하자.

다음에 내가 그 사람과 만났을 때, "지난번에는 도에 지나친 실례되는 말로 당신을 헐뜯어서 대단히 죄송하게 되었습니다."라고 사과할 수는 있다. 그런데도 상대가 완고하게 용서하지 않을 경우에는 어떻게 하겠는가?

유대인은 10명의 사람들을 향해서, "나는 지난번에 어떤 사람에게 지나치게 실례되는 말을 해서 화나게 했습니다. 하지만 사죄하러 갔는데도 용서해 주지 않았습니다. 나는 정말 내 자신이 나빴다고 생각하고 있으니 여러분도 나의 행위를 용서해 주시겠습니까?"라고 묻고 그 10명이 용서해 주면 용서를 받게 된다.

모욕한 상대가 사망하여 사죄할 수가 없게 되면, 10명의 사람들을 무덤 앞에 데려가서 그 무덤을 향하여 그 사람들 앞에서 용서를 빌어야 한다.

10명이라는 숫자가 나온 이유는 유대교의 예배소에서 기도할 때는 10명이 있어야 기도가 이루어지며, 9명 이하의 숫자는 개인이 된다. 10명이 되어야 비로소 집단으로 인정되기 때문이다.

정치적인 결정이 아니라, 종교적인 공식 결정에는 어떤 경우든 10명 이상이 되어야 한다.

결혼식에도 사적인 결혼식과 공식적인 결혼식이 있는데 공적인 결혼일 때에는 10명 이상이 되어야 한다. 그 밖에 동양에서처럼 특별히 꺼리는 숫자는 없다.

피하는 날은 있다. 여름의 어떤 특정일에 역사적으로 나쁜 일이 계속 많이 일어났었다. 예루살렘에 2개의 사원이 있는데 모두 500년쯤 전의 건축물이지만 둘 다 똑같은 날에 불타서 파괴되었다.

1492년, 가톨릭 교회에 의해 에스파니아로부터 유대인이 추방된 것도 똑같은 날이었고, 모세가 십계를 깨뜨린 날도 똑같다. 이와 관련하여 내가 처음 실직한 때도 똑같은 날이었다.

히브리 달력에서 '아'가 붙는 달의 9일째, 대략 8월 1일쯤이 되는데, 그날은 아무것도 먹어서는 안 되며 마셔서도 안 된다. 해가 떠오르고 해가 지기까지 아무것도 입에 넣어서는 안 된다. 예배소 안에서는 언제나 의자에 앉지만 이 날은 바닥에 앉는다.

아버지가 죽었을 때와 똑같다. 유대인은 슬픈 일이 있을 때는 의자에 앉지 않고 바닥에 앉는다. 장례식 음악을 연주하고 촛불 아래서 일한다. 이 날에는 어디를 가든지 가죽 구두를 신어서는 안 된다.

알려진 바와 같이 가죽 구두라는 것은 유대의 습관을 본뜬 것이다.

유대에서는 자기 아버지가 사망했을 때 절대 구두를 신어서는 안 되며 1주일 동안은 결코 자기 일을 생각해서는 안 된다. 그리고 거울을 보게 되면 자연히 자기 얼굴에 신경 쓰게 마련이므로 모두 감추어 버린다. 구두를 벗는 것은 자기보다 더 위대한 것이 있다는 것을 생각하기 위해서이다.

정월 초하루에서 10일째 되는 날은 유대에서 가장 성스러운 날이므로 이 날도 구두를 신지 않는다. 이 날은 유대인이 독립하기까지 참으로 슬픈 날이었다. 사원이 파괴당한다는 것은 독립을 잃는 것과 같은 뜻이다. 이스라엘이 독립한 이래, 이 날을 가장 슬픈 날로 정하고 있다.

사 랑

솔로몬 왕에게는 매우 현명하고 아름다운 딸이 있었다. 그는 어느 날 꿈을 통해 딸의 미래의 남편이 그녀에게 어울리지 않는 나쁜 사람이라는 것을 예감했다. 그래서 솔로몬은 하나님의 뜻이 어떠한 것인가를 시험해 보려고 생각했다.

그리하여 딸을 작은 섬에 데려가서 그곳에 있는 궁에 가두고 둘레에는 높은 담을 쌓은 후 감시병을 배치해 두었다. 그리고 열쇠를 가진 채 그대로 돌아와 버렸다.

왕이 꿈에서 본 사나이는 그때 황무지를 헤매고 있었다. 그는 밤에 추위를 견디기 위해 사자 시체 속에 잠을 자고 있었다. 그러자 큰 새가 날아와 털가죽 채로 사나이를 들어올려 공주가 갇혀 있는 왕궁 위에서 그것을 떨어뜨렸다. 그는 그곳에서 공주와 만나 두 사람은 사랑에 빠졌다.

사랑은 모든 것을 뛰어넘는 것으로 먼 섬에 데려가 감금해도 헛일이다.

비유대인

하나님은 유대화된 비유대인을 좋아하신다. 어떤 왕이 양치기를 시켜 양떼를 매일 방목하고 있었다. 어느 날 양과는 닮으려고 해도 닮을 수 없는 동물이 그 양떼 속에 섞여 들었다. 양치기가, "알지 못하는 동물이 섞여 들어왔습니다. 어떻게 할까요?" 하고 왕께 아뢰자, 왕은 "그 동물을 특히 잘 보살펴 주어라."고 말했다. 양치기가 의아스런 표정을 짓자, "이 양들은 본래 내 양으로 키워지고 있기 때문에 걱정할 것 없지만, 이 동물은 전혀 다른 환경에서 자라 왔는데도 이렇게 똑같이 내 양떼와 어울려 행동하고 있다. 그러니 대단히 기쁜 일이 아닌가!" 라고 대답했다.

유대인은 태어날 때부터 유대의 전통 아래 자라 왔지만 유대인의 전통 아래서 자라지 않은 사람이 유대 교리를 이해하고 유대화된 경우는 진짜 유대인보다 더 존경받는다. 탈무드에서는 세계의 모든 사람들이 어떤 신앙을 갖고 있다 하더라도 착한 사람은 모두 구원받을 수 있으므로 애써 유대화시키려고 노력하지 않는다고 씌어 있다.

꿈

어떤 사나이가 이웃집 부인을 흠모한 나머지 성관계를 한 번 갖고 싶어했다.

어느 날 밤, 그는 드디어 성관계에 성공하는 꿈을 꾸었다. 탈무드에 따르면 그것은 길조이다. 왜냐하면 꿈은 하나의 소망의 표현이며 진짜로 관계했다면 꿈을 꿀 리 없기 때문이다.

그것은 그만큼 자기를 억제하고 있는 증거로 매우 좋은 일이다.

바보 어버이

어떤 사나이가 아들에게 유서를 썼다.

"내 아들에게 전 재산을 전부 남기지만 아들이 진짜 바보가 되지 않는 한 유산을 상속할 수 없다."

이 말을 듣고 랍비가 찾아와, "당신은 터무니없는 유언을 썼군요. 당신 아들이 바보가 되지 않으면 재산을 주지 않는다는 것은 무슨 뜻입니까?"라고 물었다.

사나이는 그때 갈대 하나를 입에 물고 괴상한 웃음소리를 내며 마루 위를 기어 다니고 있었다.

그가 암시한 것은 자기 아들에게 아이가 생겨 아이를 어르게 되면 자기 재산을 상속시킨다는 것이었다.

"아이가 생기면 인간은 바보가 된다."는 격언이 여기서 생겼다. 유대인 부모는 아이를 대단히 귀중한 존재로 여기기 때문에 모든 것을 아이를 위해서 희생한다.

하나님께서 유대 민족에게 십계를 내리셨을 때 유대인이 반드시 그것을 지킨다는 보증을 붙이려고 했다.

먼저 유대인은 유대인의 초기의 위대한 선조, 예를 들면 아브라함 · 이삭 · 야곱의 이름을 걸고 반드시 십계를 지킬 것을 맹세했지만 하나님께서는 승낙하지 않았다.

그래서 앞으로 유대인이 손에 얻을 모든 부귀를 걸고 십계를 지키겠다고 맹세했으나 역시 헛일이었다. 마지막에 아이에게 십계를 반드시 전할 것이니 그 아이를 걸어 맹세한다고 말하자 하나님께서는 비로소 좋다는 승낙의 뜻을 나타내셨다.

교 육

가장 훌륭한 랍비가 북쪽 나라에 두 사람의 시찰관을 파견했다. 시찰관이 그 도시를 지키고 있는 사람을 만나 잠깐 조사하고 싶다고 말하자, 그 북쪽 도시에서 치안을 담당하고 있는 최고 책임자가 나왔다. 그래서, "아닙니다. 우리들은 도시를 지키는 사람과 만나고 싶을 뿐입니다."라고 말하자, 다음에는 도시의 수비대장이 찾아왔다.

두 사람의 랍비는 "우리들이 만나고 싶은 것은 경찰서장이나 수비대장이 아니라 학교 교사입니다. 경찰관이나 군인은 파괴할 뿐 진정으로 도시를 지키는 것은 교사입니다."라고 말했다.

공로자

어떤 임금님이 병이 들었다. 그 병은 세상에 없는 희한한 병이므로 "암사자의 젖을 먹으면 나을 수 있다."고 의사가 말했다. 그러나 어떻게 암사자의 젖을 구해 오느냐가 문제였다.

어떤 머리 좋은 사나이가 사자가 살고 있는 동굴 가까이 가서 새끼 사자를 한 마리씩 사자에게 주었다. 그리하여 10일째에는 암사자와 그는 퍽 친숙하게 되었다. 그래서 임금님 약으로 쓸 젖을 조금 짜낼 수 있었다.

궁전으로 돌아오는 길에 그는 자기 몸의 여러 부분이 서로 싸우는 백일몽을 꾸었다. 몸 안에서 어디가 가장 중요한가를 놓고 서로 다투고 있었다.

다리는 만약 자기가 없었더라면 이 장소에 올 수 없었을 것이라고 했다. 심장은 또한 자기가 없었더라면 도저히 여기까지 올 힘이 없었을 것이라고 말했다. 그러자 갑자기 혀가 다음과 같이 주장했다.

"만약 말을 할 수 없었더라면 너희들은 아무도 쓸모도 없었을 것이다."

몸의 각 부분은 일제히 "뼈도 없고 전혀 값어치도 없는 하찮은 부분인 주제에 건방진 말 하지 말라!"고 하며 혀의 입을 막았다.

그런데 사나이가 궁전에 이르렀을 때 혀는 "누가 가장 중요한가 알려 주고야 말 테다."라고 말했다.

임금님이 백일몽을 꾼 그 사나이에게, "이 젖은 무슨 젓인가?"라고 묻자 혀는 갑자기 "개의 젖입니다."라고 외쳤다. 그때 몸의 모든 부분은 혀가 얼마나 강력한 것인가를 알게 되었고, 혀에게 사과했다.

혀는 그것을 듣고 "아닙니다. 제가 말을 잘못했습니다. 이것은 틀림없는 암사자의 젖입니다."라고 말했다.

중요한 부분일수록 자제심을 잃어버린다면 어처구니없는 일이 생기는 법이다.

감 사

이 세상 최초의 인간이었던 아담은 빵을 먹기 위해 어느 정도의 일을 해야 했을까? 먼저 밭을 일구고 씨를 부리고 그것을 가꾸고 거두어들이고 갈아서 가루를 만들어 반죽하거나 하는 등 15단계의 과정을 거치지 않으면 안 되었다.

지금은 돈만 있으면 빵집에 가서 만들어 놓은 빵을 사올 수가 있다. 옛날에는 혼자서 하지 않으면 안 되었던 15단계의 복잡한 작업을 많은 사람이 나누어 하고 있으므로 빵을 먹을 때는 많은 사람에게 감사하는 마음을 잊어서는 안 된다.

인류 최초의 인간은 자기 몸에 입을 옷을 만들기 위해서 대단히 많은 노력을 기울여야만 했다. 양을 사로잡아 키워 털을 깎고 옷감을 짜서 바느질 해 입기까지는 상당한 노고가 필요했다.

지금은 돈만 있으면 그 자리에서 좋아하는 옷을 사 입을 수 있다. 옛날에는 혼자서 하지 않으면 안 되었던 작업을 많은 사람들이 해

주므로 옷을 입을 때에는 많은 사람들에게 감사하는 마음을 잊어서
는 안 된다.

문 병

아픈 사람을 문병하면 병자는 60분의 1만큼 병의 상태가 좋아진
다. 그러나 60명이 한꺼번에 간다고 해서 병자가 완쾌되지는 않는다.

죽은 이의 무덤을 성묘하는 것은 가장 고상한 행동이다. 병자의
병문안은 병자가 나으면 그 사람의 인사를 받게 되지만 죽은 이는
아무것도 답례를 하지 않는다.

감사를 바라지 않는 행동이야말로 아름다운 행동이다.

결 론

탈무드에는 잇따라 4개월, 6개월, 아니 7년이란 긴 세월 동안 여
러 가지 문제에 대해 사람들이 의문을 나타낸 내용이 씌어 있다. 그
가운데에는 결론에 이르지 못한 사항도 있는데 이런 이야기의 맨
마지막 끝맺음에는 "알 수 없다."고 씌어 있다. 이 교훈은 '알 수 없
을 때에는 알 수 없다고 하는 것이 좋다.'는 내용이다.

탈무드 가운데는 여러 가지 결론이 내려진 이야기도 있는데 그것
에는 반드시 몇몇 다른 의견이 소개되어 있다. 왜냐하면 소수의 의

견은 적어 놓지 않으면 사라져 버리기 때문이다.

강 자

세상에는 약하지만 강자로 하여금 두려움을 갖게 하는 것이 네 가지 있다.

모기는 사자를 두렵게 하고, 거머리는 코끼리를 두렵게 하고, 파리는 전갈을 두렵게 하고, 파리 잡이 거미는 매를 두렵게 한다.

아무리 크고 힘센 것이라도 반드시 절대적인 것이라고는 할 수 없다. 또 아주 약한 것이라도 어떤 조건이 갖추어지면 강자에게 이길 수도 있다.

칠 계

탈무드 시대의 유대인은 자주 비유대인들과 서로 도와 일하면서 생활했다. 유대인에게는 천사가 지킨다고 하는 603개의 계율이 있다.

그러나 유대교에서는 결코 비유대인을 유대화시키려고 하지 않으므로 선교사를 보내는 일 따위는 하지 않았다. 다만 서로 평화스런 관계를 유지하기 위해 비유대인에게는 일곱 가지만 지켜 달라고 계율을 주었다.

1. 살아 있는 동물을 죽여 즉시 날고기로 먹지 말라.
2. 사람을 욕하지 말라.
3. 훔치지 말라.
4. 법을 어기지 말라.
5. 살인하지 말라.
6. 근친상간하지 말라.
7. 불륜 관계를 갖지 말라.

신-1

로마인이 어떤 랍비한테 와서 "당신들은 늘 하나님 이야기만 하는데, 하나님이 어디 있는지 말해 보라."고 했다.

어디에 있는지를 가르쳐 주면 자기도 그 신을 믿겠다는 것이었다. 랍비는 그 로마인의 심술궂은 질문을 그냥 묵살해 버릴 수만은 없었다.

그래서 랍비는 로마인을 밖으로 데리고 나가 해를 가리키면서 "저 해를 보시오!"라고 말했다.

로마인은 해를 힐끗 쳐다보고는, "그런 엉터리와 같은 말은 하지 마시오. 눈이 부셔 해를 똑바로 바라볼 수 없지 않소!"라고 소리쳤다.

그러자 랍비는 이렇게 말했다.

"당신은 하나님께서 창조하신 많은 것 가운데 하나인 해조차 똑바로 쳐다볼 수 없으면서, 어찌 위대한 신을 볼 수 있단 말이오!"

신-2

영어나 프랑스어에도 '신'이라는 말은 단 하나밖에 없다. 그러나 유대의 경우에는 12개 이상이나 있다.

안 녕 히

한 남자가 매우 오랫동안 여행을 한 탓에 지치고 굶주려서 몸이 바싹 야위었다. 사막을 오랫동안 걸은 끝에 그 남자는 가까스로 나무가 있는 오아시스에 다다랐다. 나무 그늘에서 쉬며 열린 과일로 굶주림을 면하고 옆에 있는 물을 마시고는 안도의 숨을 내쉬었다. 그러나 그는 여행을 계속하기 위해 다시 출발하지 않으면 안 되었다. 그는 이 나무에게 깊은 고마움을 느끼며 말했다.

"나무여! 정말 고맙다. 내가 너에게 무엇을 답례로 하면 좋은가! 너의 과일이 달게 되도록 빌려고 해도 너의 과일은 충분히 달콤하다. 상쾌한 나무 그늘이 드리우도록 빌려고 해도 너는 이미 그것을 갖고 있다. 너를 더욱더 자라게 하기 위해 더 많은 물을 주도록 빌려고 해도 물은 이미 충분히 있다. 내가 너를 위해 할 수 있는 것은 네가 될 수 있는 대로 많은 열매를 맺어서 아름답고 훌륭한 나무로 자라기를 바랄 수밖에 없구나."

당신이 작별하는 사람에게 무언가를 바랄 때 그 사람이 더욱 현명하게 되기를 바라려고 해도 이미 충분히 현명하며, 많은 돈을 벌 수 있도록 바라려고 해도 이미 넉넉한 부자이며, 사람들에게 사랑 받는 착한 사람이 되라고 바라려고 해도 이미 충분히 착한 사람이 었을 때 당신은, "당신의 아이들이 당신처럼 훌륭한 사람으로 자라 도록" 바라는 것이 가장 현명하다.

6일 째

성서에 따르면 세계는 1일, 2일, 3일……이라는 차례에 따라 만 들어져 6일째에 완성되었다. 인간은 그 마지막 6일째에 만들어졌 다. 왜 인간이 마지막으로 만들어졌는가? 그 의미를 당신은 어떻게 해석하는가?

탈무드에 따르면 파리 한 마리라도 인간보다 먼저 만들어졌다는 것을 생각하면 인간은 그렇게 오만하게 되지 않았을 것이라고 말한 다. 인간에게 자연에 대한 겸손을 가르치기 위해서이다.

향 료

어느 안식일(토요일) 오후에 로마 황제가 교분이 두터운 랍비를 방문했다.

황제는 예고도 없이 아주 갑작스럽게 랍비 집에 나타났지만 그곳 에서 매우 즐거운 시간을 보냈다. 식사는 매우 맛있었고 식탁 둘레에서는 사람들이 목소리를 맞춰 노래를 부르며 탈무드에 나오는 이야기로 시간 가는 줄 몰랐다.

황제는 매우 만족하여 다음 수요일에 다시 여기를 방문하고 싶다고 말했다.

수요일에 그가 오자 사람들은 처음부터 준비하고 기다리고 있었으므로 가장 좋은 식기가 놓여지고 지난번은 안식일이라 일하지 않았던 하인들도 극진히 접대했다. 요리사도 없이 차가운 음식밖에 내놓지 않았던 지난번과는 달리 뜨거운 요리도 많이 나왔다. 그럼에도 불구하고 황제는, "식사는 역시 지난 토요일 쪽이 맛이 더 있었소. 토요일에 쓴 향료는 도대체 무엇이었소?"라고 물었다.

랍비가, "로마 황제라도 그 향료를 손에 넣을 수 없습니다."라고 하자, 황제는 "아니야, 로마 황제는 어떤 향료라도 손에 넣을 수 있어!"라고 단호하게 말했다.

랍비는, "유대의 안식이라는 향료 이것만은 로마 황제인 당신이 아무리 노력하여도 손에 넣을 수 없습니다."라고 말했다.

말 덫에 걸리다.

어떤 상인 한 사람이 도시에 찾아왔다.

며칠 뒤에 바겐세일이 있다는 사실을 알고 그는 물건 사는 것을 그때까지 미루기로 했다. 그러나 그는 많은 현금을 갖고 있었기 때문에 다니기에 불안을 느꼈다.

그래서 한적한 장소에 가 자기가 지닌 돈을 몽땅 땅에 파묻었다. 그러나 이튿날 그곳에 가보니 돈이 없어져 버렸다. 상인은 여러 가지로 생각해 보았으나 자기가 파묻는 것을 본 사람이 없었기 때문에 어째서 돈이 없어졌는지 알 수가 없었다.

그런데 저 멀리 한 채의 집이 있고 그 집 벽에 구멍이 뚫려 있음을 발견했다. 아마도 그 집에 살고 있는 사람이 그가 돈을 파묻고 있는 것을 구멍을 통해 보고 있다가 나중에 파낸 것이 틀림없다고 생각했다.

그는 그 집에 가서 거기에 살고 있는 늙은 영감을 만나 물어보았다.

"당신은 도시에 살고 계시니 현명하실 테니 당신에게 지혜를 빌릴 일이 있습니다. 제가 물건을 사기 위해 이 도시로 두 개의 지갑을 갖고 왔습니다. 한쪽 지갑에는 오백 개의 은화가 들어 있고 다른 쪽 지갑에는 팔백 개의 은화가 들어 있습니다. 제가 오백 개의 은화가 들어 있는 지갑을 아무도 몰래 어떤 곳에 파묻었습니다. 묻은 지갑보다 더 많은 돈이 들어 있는 다른 쪽 지갑마저도 파 묻는 것이 좋을까요, 그렇지 않으면 누군가 믿을 수 있는 사람에게 맡기는 것이 좋을까요?"

늙은 영감은, "만약 내가 당신이라면 나는 아무도 믿지 않고, 먼저 작은 지갑을 파묻는 장소에 큰 지갑도 파묻겠습니다."라고 대답했다.

욕심쟁이 영감은 상인이 집에서 나가자 자기가 훔쳐온 지갑을 전에 파묻었던 곳에 도로 갖다 묻었다. 상인은 그것을 숨어서 지켜보고 있다가 영감이 돌아간 뒤 다시 지갑을 파내어 무사히 지갑을 되찾을 수 있었다.

솔로몬의 재판

안식일에 세 사람의 유대인이 예루살렘에 도착했다. 그 무렵에는 은행이 없었기 때문에 세 사람은 가지고 있던 돈을 모두 함께 땅에 묻었다. 그런데 세 사람 가운데 한 사람이 은밀히 그 장소에 돌아가 돈을 몽땅 가져가 버렸다.

이튿날 세 사람은 지혜로운 임금님으로 세상에 널리 알려진 솔로몬 왕을 찾아가 세 사람 가운데 누가 돈을 훔쳤는 지 반드시 밝혀 달라고 했다.

그러자 솔로몬 왕은, "당신들 세 사람은 대단히 현명한 사람들이므로 내가 지금 재판하기에 어려움을 겪고 있는 문제에 대해 먼저 협조해 달라. 그러면 당신들 세 사람의 문제는 내가 재판해 주겠다."고 말했다.

그러고는 이렇게 이야기 했다.

어떤 젊은 아가씨가 어떤 남자와 결혼하기로 약속했다. 그러나 얼마 지나서 아가씨는 다른 남자와 사랑에 빠져 맨 처음의 약혼자를 만나 헤어지자고 말하면서 자기로 인해 일어난 일이므로 처음 약혼자에게 위자료를 주겠다고 말했다. 그러나 첫 번째 남자는 위자료는 필요없다고 말하며 그녀와의 약혼을 취소했다.

그 후 그녀는 많은 돈을 갖고 있었기 때문에 어떤 노인에게 납치

되었다. 그녀는, "나는 결혼하려고 약속했던 남성에게 약혼 취소를 요구했음에도 그는 위자료를 받지 않고 헤어져 주었습니다. 당신도 똑같은 일을 내게 해야 합니다."라고 했다. 노인은 돈을 받지 않고 아가씨를 풀어 주기로 했다.

"이 가운데서 어떤 행위를 한 사람이 칭찬을 받아야 하는가?" 하고 솔로몬 왕은 물었다. 그러자 첫째 사나이는, "맨 처음 아가씨에게 약혼을 취소당하고도 위자료도 받지 않았던 사나이가 칭찬받아야 합니다. 그녀의 의사를 무시하면서까지 결혼하려고 하지 않았으며 돈은 받지 않았으니까요."라고 말했다.

다음 사나이는, "아닙니다. 그 아가씨야말로 칭찬받아야 합니다. 그녀는 용기를 갖고 맨 처음의 남자에게 약혼 취소를 요구하고 진정으로 사랑하는 사나이와 결혼했습니다. 이것이야말로 칭찬받아야 합니다."라고 말했다.

세 번째 사나이는, "이 이야기는 뒤죽박죽이어서 나는 종잡을 수가 없습니다. 납치한 사람도 돈 때문에 납치했는데도 돈을 빼앗지 않은 채 풀어 주다니, 이야기의 줄거리가 전혀 잡히지 않습니다."라고 말했다.

솔로몬 왕은 큰소리로, "네가 돈을 훔친 범인이다!"라고 외쳤다.

"다른 두 사람은 애정이라든가 아가씨와 약혼자 사이에 존재하고 있던 인간관계, 그 사이에 있던 불편한 기분 같은 것을 곧 알아차렸는데도 너는 돈밖에 생각하고 있지 않았다. 그러니 네가 틀림없이 범인이다!"

중 용

어떤 길에 군대가 행진하고 있었다. 길 오른편에는 눈이 내리고 얼음이 얼어 있었고, 왼편은 불바다였다. 이 군대가 만약 오른쪽으로 가면 얼어 죽고, 왼쪽으로 가면 불타 버린다. 가운데는 따뜻함과 시원함이 적당히 조화된 길이었다.

답 례

나치 수용소에서 600만 명이나 되는 유대인이 살해된 뒤 구출되어 살아남은 사람이, 트루먼 대통령에게 답례를 하려고 탈무드를 선사했다. 이것은 전쟁 뒤 독일에서 인쇄된 것인데, 그만큼 유대인의 전멸을 꾀한 나라에서도 역시 탈무드를 인쇄하여 발행하고 있었다는 것은 탈무드의 위대함을 나타내는 증거이다.

비즈니스

유대의 역사는 매우 깊다. 성서 시대의 유대인들의 사회는 농경 사회로부터 시작된다. 따라서 교역은 그다지 이루어지지 않았고 상인이라는 말은 비유대인이라는 말과 같은 뜻으로 쓰였다. 따라서 유대인은 자신들이 있는 곳에서는 물건을 사고 파는 행위를 거의

하지 않았다.

다만 유대인이 사업에 종사할 때에는 '계량을 정직하게 하라', '속이지 말라'고 하는 간단한 도덕률이 있었을 뿐이다.

그러나 탈무드 시대가 되자 교역이나 사업이 상당히 발달했으므로 탈무드에 있어서도 사업에 대하여 매우 큰 관심을 기울이고 있다. 탈무드를 쓴 사람들은 세계가 점점 진보한다는 전제 아래서 진보한 세계의 모습을 교역이 매우 발달한 세계로 그리고 있다. 그리고 사업을 행함에 있어 어떠한 도덕을 지킬 것인가라는 점에 많은 지면을 할애하고 있다.

나는 탈무드를 편찬한 사람들이 사업이 장차 세계에서 가장 중요한 기능을 하리라고 예견한 것은 매우 선견지명이 있었기 때문이라고 생각한다. 그들은 장차 그와 같은 세계가 성립될 것을 예견하여 여러 가지로 준비하려고 생각했던 것이다. 그래서 여기서는 사업이라는 생각이 원칙이 되고 따라서 그 사업의 규칙은 일반 생활의 테두리 밖에 있는 특별한 규칙이 있어야 한다고 생각되었다. 따라서 사업이라는 것은 결코 탈무드적인 세계는 아니다. 그 까닭은 아무리 경건한 사람이라도 사업은 사업으로서 행하여도 좋다는 것이다.

그러나 탈무드는 어떻게 하면 도덕적인 비즈니스맨이 될 수 있는가를 생각하고 썼던 것이지, 결코 돈만 아는 비즈니스맨이 되는 방법을 알려 주려고 쓴 것은 아니다. 그것은 탈무드에서 자유방임주의적인 사업에 대해 절대적으로 반대하고 있는 것으로 잘 알 수 있을 것이다.

예를 들면 바이어(구매자)의 권리로 물건을 사는 사람은 먼저 어떤 보증이 없어도 자신이 산 물건이 좋은 품질이라는 것을 판매자에게 요구할 권리가 있다. 물건을 산다는 것은 결함이 없는 것을 산다는 것이다. 만약 그 상품에 결함이 있어도 반품할 수 없다는 조건을 붙여 팔았을 경우에도 산 사람은 그 상품에 결함이 있을 경우에는 그 상품을 판매자에게 되돌려 주거나 교환할 권리가 있다.

단 한 가지 예외는 먼저 물건을 알고 상대가 샀을 경우이다. 예를 들면 자동차를 팔았을 때는 맨 처음에 이 차에 엔진이 없다고 알리고 팔면 상대는 반품하지 못한다. 탈무드에서는 파는 사람에 대해서도 결함이 있는 상품을 판다면 그 결함을 구체적으로 상대에게 설명해야 한다고 씌어 있다. 따라서 사는 사람은 우선 물건의 결함, 사기, 그리고 파는 사람의 실수나 고의로 빠뜨린 착오에서 완벽하게 보호받는 것이다.

상대방에게 물건을 판다는 것은 두 가지 요소에 의해서 성립된다. 하나는 그 물건의 대가를 지불하는 것, 또 하나는 그 물건이 구매자 쪽으로 간다는 것이다. 그것은 구매자의 손에 그 물건이 안전하게 넘겨지도록 하는 의무가 있다는 말이다. 그 까닭은 탈무드에서는 어디까지나 사는 사람을 보호하고 있기 때문이다.

파는 사람 쪽은 물론 그 물건의 소재를 분명하게 하지 않으면 안 된다. 그것은 다른 사람의 물건을 팔거나 해서는 안 된다는 말이다.

팔고 사기

탈무드 시대부터 계량을 감독하는 관리가 있었다. 여름과 겨울에는 토지의 크기를 재는 로프도 저마다 다른 것을 사용했다. 왜냐하면 로프에 신축성이 있기 때문이다. 또 액체를 담은 경우 특히 그 항아리 밑바닥에 전에 들었던 것이 굳어서 남아 있는 것을 방지하기 위해 항아리 바닥을 언제나 깨끗이 하도록 엄하게 감독했다.

물건마다 조금씩 다르겠지만 물건을 사서 하루 내지 1주일 동안 사람들에게 보여서 의견을 듣는 권리가 구매자에게 주어져 있었다. 왜냐하면 자기가 전혀 알지 못하는 물건을 샀을 경우 산 사람은 그 물건의 진가를 당장 옳게 판단할 수 없기 때문이다.

탈무드 시대에는 한 가지로 가격이 정해져 있지 않았다. 오늘날에는 어느 자동차는 얼마라는 것이 대충 정해져 있지만, 옛날에는 파는 사람 마음대로 값을 매겼다. 만약 상식적인 값보다도 6분의 1 이상 인상된 값으로 사게 된 경우는 이 매매는 무효가 된다는 것이 탈무드의 통례였다.

또 파는 사람이 계량을 잘못했을 경우는 올바른 계량으로 되돌릴 것을 요구할 권리가 구매자측에 주어졌다.

파는 사람을 보호하기 위해 어떤 사람이 이미 사겠다는 의사를 보인 물건은 사서는 안 된다는 규정도 정해져 있었다.

토 지

   두 랍비가 한 토지를 서로 사려고 경쟁하고 있었다. 처음의 랍비
가 그 토지에 값을 매겼다. 그러자 나중의 랍비가 와서 그 토지를
당장에 사버렸다.

   그래서 어떤 사람이 나중의 랍비한테로 가서, "어떤 사람이 과자
를 사려고 마음 먹고는 과자집에 가보니 이미 다른 사람이 와서 그
과자의 품질을 살피고 있었다. 그런데 나중에 온 사람이 그 과자를
사버렸다면, 그 사람은 무어라고 할 것인가?"라고 말하자, 나중에
온 랍비는,

"그것은 나중에 온 사람이 나쁜 사람이다."라고 말했다.

   그러자 이번에는 처음의 랍비가 말했다.

   "당신이 지금 이 토지를 산 것은 당신이 나중에 과자를 사러 온
사람과 같은 입장이오. 먼저 다른 사람이 와서 이 토지에 값을 매겨
흥정하고 있었단 말이요. 당신은 그런 엉터리 같은 짓을 해도 좋은
가요?"

   그래서 도대체 어떻게 해결하느냐가 문제되었다. 한 가지의 해결
책으로 제안된 것은 나중에 온 랍비가 먼저 흥정했던 랍비에게 그
토지를 팔아 준다는 것이었다.

   그러자 나중에 온 랍비는, "안 돼! 내가 물건을 사서 이내 판다는
것은 재수가 없는 일이니 싫소!"라고 말했다.

   두 번째 해결책은 앞의 랍비에게 그 토지를 선물로 주면 어떠냐
는 것이었는데 먼저 흥정했던 랍비는 선물로서 그 토지를 도저히

받을 수 없다는 것에 문제가 있었다.

그래서 결과적으로 나중에 온 랍비는 그 토지를 학교에 기부했다.

탈무드의 눈

눈은 얼굴에서 가장 작은 부분이다. 그러면서도 입만큼 많은 일을 할 수 있고
입이 말하는 격언 속담의 온갖 매력을 그대로 갖추고 있다. 탈무드는 한없는 보고이다.
그것은 오래도록 이어져온 유대인의 지혜가 응집되어 있다고 할 수 있으리라.
여기서는 그 가운데서 일부만을 다루어 보았다.
당신의 사색이 보다 깊고 높게 되기 위한 밑거름이 되리라.

사 람

· 사람은 심장 가까이에 유방이 있는 데 반해 짐승은 심장에서 멀리 떨어진 곳에 유방이 있다. 이것은 신의 깊은 배려이다.

· 반성하는 자가 서 있는 땅은 가장 위대한 랍비가 서 있는 땅보다 더 가치가 있다.

· 세계는 진실 · 법 · 평화의 세 기반 위에 서 있다.

· 휴일은 인간에게 주어진 것이지 인간이 휴일에게 주어진 것은 아니다.

· 백성의 소리는 하나님의 소리이다.

· 하나님이 말씀하셨다.
"나에게는 네 아이가 있다. 그리고 너희에게도 네 아이가 있다. 너희의 네 아이는 아들 · 딸 · 남자 하인 · 여자 하인이지만 나의 아이는 미망인 · 고아 · 이방인 · 승려이다. 나는 너희 아이의 뒤를 보살핀다. 그러므로 너희들은 내 아이의 뒤를 보살펴라."

· 인간은 하찮은 남의 피부병은 걱정해도 자기의 중병은 아랑곳하지 않는다.

· 거짓말쟁이에게 주어지는 최대의 벌은 그가 진실을 말했을 때에
  도 사람들이 믿어 주지 않는 것이다.

· 인간은 20년 걸려서 배운 것을 2년 안에 잊을 수가 있다.

· 사람은 누구나 세 가지 이름을 갖는다. 태어났을 때 부모가 붙여
  주는 이름, 친구들이 친구의 정을 담아 부르는 이름, 그리고 자
  기 생애가 끝났을 때 얻어지는 명성 곧 세 가지이다.

인 생

· 인간은 장면에 의해서 명예가 높아지는 것이 아니라, 인간이 그
  장면의 명예를 높이는 것이다.

· 전 인류는 오직 한 조상으로부터 시작되었다. 그러므로 어느 인
  간이 어느 인간보다 우수하다는 것은 있을 수 없다.

· 만약 당신이 한 사람의 인간을 죽였다면 그것은 전 인류를 죽인
  것과 마찬가지이다. 또 한 사람의 인간의 목숨을 구하면 그것은
  전 인류의 목숨을 구한 것과 똑같다. 왜냐하면 세계는 한 사람의
  인간에 의해서 시작되었고 그 최초의 인간을 죽였다고 한다면
  인류는 오늘날 존재할 수 없기 때문이다.

· 요령이 좋은 인간과 현명한 인간의 차이—요령이 좋은 사나이는 현명한 인간이었더라면 절대로 빠지지 않을 어려운 상황을 잘 빠져나갈 사람을 말한다.

· 어떤 사람은 젊고도 늙었고, 어떤 사람은 늙었어도 젊다.

· 자기의 결점만을 걱정하고 있는 인간은 딴 사람이 가진 결점은 알지 못한다.

· 음식을 장난감으로 취급하는 사람은 배고프지 않은 자이다.

· 수치스러움을 모르는 것과 자부심은 형제지간이다.

· 하루 공부하지 않으면 그것을 되찾기 위해서는 이틀 걸린다. 이틀 공부하지 않으면 그것을 되찾기 위해서는 나흘 걸린다. 1년 공부하지 않으면 그것을 되찾기 위해서는 2년 걸린다.

· 성질이 나쁜 사람은 이웃 사람의 수입에만 신경을 쓰고 자기의 낭비에는 마음 쓰지 않는다.

· 눈이 보이지 않는 것보다는 마음이 보이지 않는 쪽이 더 두려운 것이다.

· 만난 사람 모두에게서 무언가를 배울 수 있는 사람이 세상에서
 가장 현명하다.

· 강한 사람―자기를 억제할 수 있는 사람.

· 강한 사람―적을 벗으로 바꿀 수 있는 사람.

· 풍족한 사람이란 자기가 갖고 있는 것으로 만족할 줄 아는 사람
 이다.

· 사람을 찬미할 수 있는 사람이야말로 진정으로 명예스러운 사람
 이다.

평 가

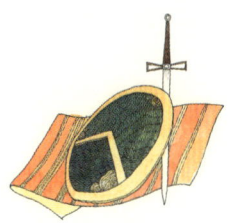

· 유대인이 인간을 평가하는 세 가지 기준이 있다.
 키소(지갑 넣는 주머니)
 코소(술을 마시는 잔)
 카소(인간의 분노)
  이것은 돈은 어떻게 쓰며, 술 마시는 법은 깨끗한가 더러운가?
또 인내심이 강한 인간인가 어떤가를 말한다.

· 인간의 유형은 네 가지로 나뉘어진다.
  1. 내 것은 내 것이고 당신 것은 당신 것이라는 인간.
     (일반적인 유형)
  2. 내 것은 당신 것이고 당신 것은 내 것이라는 인간.
     (별난 유형)
  3. 내 것은 당신 것이고 당신 것도 당신 것이라는 인간.
     (정의감이 강한 사람)
  4. 내 것은 내 것이고 당신 것도 내 것이라는 인간.
     (나쁜 인간)

· 현인 앞에 앉아 있는 사람은 세 가지로 나뉘어진다.
  스펀지형—무엇이라도 흡수한다.
  터널형—오른쪽 귀에서 왼쪽 귀로 흘려보낸다.
  체형—중요한 것과 그렇지 않은 것을 체로 거르듯 골라낸다.

· 현인이 되는 일곱 가지 조건
  1. 자기보다 현명한 사람이 있을 때에는 침묵을 지킨다.
  2. 상대방의 이야기를 가로채지 않는다.
  3. 대답할 때에는 당황하지 않는다.
  4. 늘 적절한 질문을 하고 조리 있는 대답을 한다.
  5. 앞뒤 순서를 잘 선택하여 처리한다.
  6. 자기가 알지 못할 때에는 그 사실을 인정한다.
  7. 진실을 인정한다.

· 인간은 세 가지 벗을 가지고 있다. 그것이 바로 아이 · 부 · 선행 이다.

벗

· 아내를 고를 때에는 한 계단 내려가고, 벗을 고를 때에는 한 계 단 올라가라.

· 벗이 화가 나 있을 때에는 달래려고 하지 말라. 그가 슬퍼하고 있을 때에도 위로하지 말라.

우 정

· 당신 친구가 당신에게 있어 벌꿀처럼 달더라도 전부 핥아먹어서 는 안 된다.

여 자

· 어떤 남자라도 여자의 야릇한 아름다움에는 버틸 수 없다.

· 여자의 질투심은 한 가지밖에 없다.

· 여자는 자기 외모를 가장 소중히 여긴다.

· 여자는 남자보다 육감이 예민하다.

· 여자는 남자보다 정이 두텁다.

· 여자는 불합리한 신앙에 빠지기 쉽다.

· 불순한 동기에서 시작된 애정은 그 동기가 사라지면 바로 죽어
  버린다.

· 사랑하고 있는 자는 다른 사람의 충고에 귀 기울일 줄 모른다.

· 여자가 술을 한 잔 마시는 것은 매우 좋은 일이다. 두 잔 마시면
  그녀의 품위를 떨어뜨린다. 석 잔째는 부도덕하게 되고 넉 잔째
  에서는 자멸한다.

· 정열 때문에 결혼하여도 그 정열은 결혼보다 오래 지속되지 않
  는다.

· 맨 처음에 하나님이 만든 남자는 양성을 겸하고 있었다. 그러므

로 남자 육체에도 여성 호르몬이 있고, 여자의 육체에도 남성 호
르몬이 있다.

· 남자가 여자에게 끌리는 것은 남자로부터 갈비뼈를 빼내어 여자
를 만들었으므로 남자는 자기가 잃은 것을 되찾으려고 하기 때
문이다.

· 하나님이 최초의 여자를 남자의 머리로 만들지 않았던 이유는
남자를 지배해서는 안 되기 때문이다. 그리고 발로 만들지 않았
던 것도 그의 노예가 되어서는 안되기 때문이다. 갈비뼈로 만든
이유는 여자가 언제나 그의 마음 가까이에 있을 수 있도록 하기
위해서이다.

   술

· 술이 머리에 들어가면 비밀이 밖으로 밀려 나온다.

· 웨이터의 매너가 좋으면 나쁜 술이라도 아름다운 술이 된다.

· 악마가 사람을 방문하기에 너무 바쁠 때에는 자기 대신에 술을
보낸다.

· 포도주는 새 술일 때에는 포도와 같은 맛이 난다. 그러나 오래되면 오래될수록 맛이 좋아진다. 지혜도 이 포도주와 똑같다. 해를 거듭할수록 지혜는 빛을 더한다.

· 아침 늦게 일어나고 낮에는 술을 마시며 저녁에 쓸데없는 이야기로 세월을 보내게 되면 인간은 일생을 아주 쉽고 간단하게 헛되이 만들 수 있다.

· 포도주는 금이나 은그릇으로는 잘 빚어지지 않지만 지혜로 만든 그릇으로는 매우 잘 빚어진다.

가 정

· 부부가 진정으로 서로 사랑하고 있다면 칼날 폭만큼의 좁은 침대에서도 누워 잠잘 수 있지만, 서로 미워하기 시작하면 폭이 10미터나 되는 침대로도 비좁게 된다.

· 세상에서 가장 행복한 사람은 누구인가? 그는 지혜로운 아내를 가진 남자다.

· 남자는 결혼하면 죄가 늘어간다.

· 아내를 이유 없이 학대하지 말라. 하나님은 그녀의 눈물 방울의 수를 주의 깊게 헤아리고 계신다.

· 모든 병 가운데 마음의 병만큼 괴로운 것은 없다. 모든 약 가운데 악처만큼 나쁜 것은 없다.

· 세상 무엇과도 바꿀 수 없는 것—젊을 때 결혼하여 함께 살아온 조강지처.

· 남자의 집은 아내이다.

· 아내를 고를 때에는 겁쟁이가 되라.

· 여자를 만나지 않고 결혼해서는 안 된다.

· 아이를 키울 때는 차별하지 말라.

· 아이가 어렸을 때는 엄하게 꾸짖고 자라면 될 수 있는 대로 꾸짖지 말라.

· 어린아이는 엄하게 가르쳐야 하나 아이가 두려워하는 일을 만들어서는 안 된다.

- 아이를 꾸짖을 때는 한 번만 따끔하게 꾸짖어야지 언제나 잔소리로 계속 꾸짖어서는 안 된다.

- 어린이는 부모가 이야기하는 모양을 흉내낸다. 성격은 그 이야기하는 모습으로 알 수 있다.

- 아이에게 무언가 약속하면 반드시 지켜라. 지키지 않으면 당신은 아이에게 거짓말을 가르치는 결과가 된다.

- 가정에서 부도덕한 일을 하는 것은 과일에 벌레가 붙은 것과 같다. 알지 못하는 사이에 퍼져가기 때문이다.

- 아이는 아버지를 존경해야 한다.

- 아버지에게 말대꾸를 해서는 안 된다.

- 아버지가 만약 다른 사람과 다투고 있을 때에는 다른 사람 편을 들어서는 안 된다.

- 아버지를 존중하고 아버지에게 순종하는 이유는 아버지가 자녀를 위해 식량을 구하고 그에게 옷을 주기 때문이다.

돈

· 사람에게 상처를 입히는 것에는 세 가지가 있다. 번민 · 말다툼 · 텅 빈 지갑인데 이 가운데에서도 가장 크게 상처를 입히는 것은 텅 빈 지갑이다.

· 몸의 모든 부분은 마음에 의존하고 있다.

· 돈은 장사하는 것에 쓰여야지 알코올을 위해서 쓰여서는 안 된다.

· 돈은 악이 아니며 저주도 아니다. 돈은 단지 사람을 축복하는 것이다.

· 돈은 하나님이 주신 선물을 살 기회를 준다.

· 돈을 빌려준 사람에 대해서는 아무리 화가 나도 참아야 한다.

· 부귀는 요새이며 빈곤은 폐허이다.

· 돈이나 물건은 주는 것보다 빌려 주는 편이 낫다. 거저 얻으면 얻는 쪽은 준 사람보다 아래에 있지 않으면 안 되지만, 빌려 주고 빌린다면 대등한 입장에 서게 되기 때문이다.

섹 스

· 야다(YADA)라는 말은 히브리 어로 섹스라는 뜻이다. 동시에 야다라는 것은 '상대를 안다' 는 뜻이기도 하다. 예를 들면 성서 가운데 아담은 이브를 알고 아이가 생겼다고 씌어 있는데, '안다'는 말은 섹스를 했다는 의미도 겸하고 있다. '사랑하는 것은 아는 것이다.' 라고 흔히 말하는데, 사랑하는 것은 함께 자는 것이라고 해석해도 좋다.

· 야다는 창조 행위이다. 이것이 없이는 자기 완성이 이루어질 수 없다.

· 섹스는 일생에 있어서 오직 한 사람만 상대하여 쓰여져야 한다.

· 섹스는 매우 개인적인 관계로 이뤄지고 매우 조용한 분위기 속에서 이루어져야 한다. 자기를 다스릴 수 없을 것 같은 장소에서는 섹스를 행해서는 안 된다.

· 아내의 동의 없이 아내와 관계를 가질 수는 없다. 아내가 거절하는데도 남편이 마음대로 손대는 것은 금해져 있다.

교 육

· 향수 가게에 들어가서 향수를 사지 않고 나왔을 때에도 향수 향기가 풍긴다.

· 가죽 가게에 들어가서 가죽을 사지 않아도 매우 나쁜 냄새가 몸에 옮겨온다.

· 칼을 갖고 있는 자는 책을 갖고 설 수 없다. 또한 책을 갖고 서 있는 사람은 칼을 갖고 설 수 없다.

· 자기를 아는 것이 최대의 지혜이다.

· 의사의 충고만 듣는 것으로 의사에게 돈을 지불할 필요는 없다.

· 비싼 진주가 없어지자 이것을 찾기 위해 아무런 값어치도 없는 촛불이 사용되었다.

· 가난한 집안의 아들은 찬미 받으리라. 인류에게 예지를 가져다 주는 것은 그들이므로.

· 기억을 더해주는 가장 좋은 약은 감탄하는 것이다.

· 학교가 없는 도시에는 사람이 살지 못한다.

· 고양이로부터는 겸허함을, 개미로부터는 정직함을, 비둘기로부
  터는 정절을, 수탉으로부터는 재산의 권리를 배울 수가 있다.

· 이름은 팔리면 곧 잊혀진다.

· 지식이 얕으면 곧 잃게 된다.

· 아이들을 가르친다는 것은 어떤 것인가! 그것은 아무것도 씌어
  있지 않은 백지에 무엇을 그리는 것과 같은 것이다. 노인에게 가
  르친다는 것은 어떤 것일까! 이미 많이 씌어진 종이에 여백을 찾
  아서 써넣으려고 하는 것과 같은 것이다.

악

· 악에 대한 충동은 구리와 같은 것이어서 불 속에 있을 때에는 어
  떤 모양으로도 만들 수 있다.

· 만약 인간에게 악에 대한 충동이 없다면 집도 세우지 않고 아내
  도 얻지 않고 아이들도 낳지 않고 일도 하지 않을 것이다.

· 만약 당신이 악의 충동에 사로잡힌다면 그것을 내쫓기 위해서
무엇인가를 배우기 시작하라.

· 다른 사람들보다 뛰어난 사람은 악에 대한 충동도 그만큼 강한
법이다.

· 세상에는 올바른 일만 하는 사람은 있을 수 없다. 반드시 나쁜
일도 한다.

· 악에 대한 충동은 처음엔 아주 달콤하다. 그러나 끝났을 때에는
아주 쓰다.

· 13살 때부터 마음속에 있는 악에 대한 충동은 점점 선에 대한 충
동보다 강하게 작용한다.

· 죄는 태아였을 때부터 인간의 마음에 싹트기 시작하여 인간이
자라남에 따라 차츰 강하게 된다.

· 죄는 처음에는 여자처럼 약하나 내버려 두면 남자처럼 강해진다.

· 죄는 처음에는 거미의 줄처럼 가늘다. 그러나 마지막에는 배를
묶는 밧줄처럼 강하게 된다.

· 죄는 처음에는 손님이다. 그러나 그대로 두면 손님이 그 집의 주인처럼 되어 버린다.

중 상

· 남을 헐뜯는 말은 살인보다도 위험하다. 살인은 한 사람밖에 죽이지 않지만, 말은 반드시 세 사람의 인간을 죽인다. 즉, 남을 헐뜯는 말을 퍼뜨리는 사람 자신, 그것을 반대하지 않고 듣고 있는 사람, 그 화제가 되고 있는 사람.

· 남을 헐뜯는 사람은 무기를 사용하여 사람을 해치는 것보다 죄가 무겁다. 무기는 가까이 가지 않으면 상대를 해칠 수 없으나 남을 헐뜯는 것은 멀리서도 사람을 해칠 수가 있기 때문이다.

· 불타고 있는 장작에 물을 뿌리면 심지까지 차갑게 되지만 중상으로 화가 나 있는 사람에게는 사죄해도 마음속의 불은 꺼지지 않는다.

· 아무리 선인이라도 입버릇이 나쁜 인간은 훌륭한 궁전 이웃에 있는 악취가 심하게 풍기는 가죽 공장과 같다.

· 인간은 입이 하나, 귀가 둘이다. 이것을 듣는 쪽을 두 배로 하라

는 뜻이다.

· 손가락이 자유롭게 움직이는 것은 남을 헐뜯는 말을 듣지 않기
위해서이다. 그런 말이 들려오면 얼른 귀를 막아라.

· 물고기는 언제나 입으로 낚인다. 인간도 역시 입으로 걸린다.

판 사

· 판사의 자격은 겸허하고 언제나 선행만을 행하며, 무언가 결정
을 굳힐 만큼의 위엄을 가지고, 현재까지의 경력이 깨끗한 사람
이다.

· 극형을 언도하기 직전의 판사는 자기 목에 칼이 꽂혀지는 것 같
은 심정으로 죄인을 대해야 한다.

· 판사는 반드시 진실과 평화의 양쪽을 구하지 않으면 안 된다. 그
렇지만 진실을 구하면 평화는 혼란에 빠진다. 그래서 진실도 파
괴하지 않고 평화도 지킬 수 있는 길을 찾아내야 한다. 그것이
타협이다.

동 물

· 고양이와 쥐는 먹이가 될 동물을 함께 먹고 있을 때에는 다투지
  않는다.

· 여우의 머리가 되기보다는 사자의 꼬리가 되라.

· 한 마리 개가 짖기 시작하면 많은 개가 따라 짖는다.

· 동물은 자기와 같은 종류의 동물들끼리만 생활한다. 늑대가 양
  과 섞일 리 없고 하이에나가 개와 섞일 수 없다. 부자와 가난뱅
  이도 그와 마찬가지이다.

처 세

· 선행에 문을 닫는 자는 다음에는 의사를 위하여 문을 열지 않으
  면 안 된다.

· 좋은 항아리를 가지고 있으면 그날 안에 사용하라. 내일이 되면
  깨어질지도 모른다.

· 정직한 자는 자기의 욕망을 조종하지만 정직하지 않은 자는 욕

망에 조종된다.

· 다른 사람의 자선으로 살기보다는 차라리 가난한 생활을 하는 편이 낫다.

· 남 앞에서 부끄러워하는 사람과 자기 앞에서 부끄러워하는 사람 사이에는 커다란 차이가 있다.

· 세상에는 도를 벗어나면 안 되는 것이 여덟 가지 있다. 여행 · 여자 · 부 · 일 · 술 · 잠 · 약 · 향료이다.

· 세상에는 너무 지나치게 쓰면 안 되는 것이 세 가지 있다. 그것은 빵에 넣는 이스트 · 소금 · 망설임이다.

· 항아리 속에 든 1개의 동전은 시끄럽게 소리를 내지만 동전이 가득 찬 항아리는 조용하다.

· 전당포는 미망인의 소유물을 받아서는 안 된다.

· 명성을 얻기 위해 달리는 자는 명성에 따라갈 수 없다. 그러나 명성에서 도망쳐 달리는 자는 명성에게 붙잡힌다.

· 물건을 훔치지 않는 도둑은 자기 자신이 아주 정직하다고 생각

한다.

· 결혼의 목적은 기쁨, 장례식 참석자의 목적은 침묵, 강의 목적은
듣는 것, 사람을 방문할 때의 목적은 빨리 도착하는 것, 가르치
는 목적은 집중, 단식의 목적은 돈으로 자선하는 것이다.

· 인간에게는 6개의 쓸모 있는 부분이 있다. 그 가운데에서 세 가
지는 스스로 다스릴 수 없는 것이고 세 가지는 인간의 힘으로 어
떻게든 다스릴 수 있는 부분이다. 눈·귀·코가 전자의 것이고,
입·손·발이 후자의 것이다.

· 당신의 혀에게, "나는 잘 모릅니다."라는 말을 열심히 가르치십
시오.

· 장미꽃은 가시 사이에서 자란다.

· 공짜로 처방전을 써주는 의사의 충고를 듣지 말라.

· 항아리 겉을 보지 말라. 안에 들어 있는 것을 보라.

· 나무는 그 열매에 의해 알려지고, 사람은 업적에 의해서 평가
된다.

· 갓 열리기 시작한 오이를 보고는 그 오이가 장차 맛있게 될지 어떨지 알 수 없다.

· 행동은 말보다 목소리가 크다.

· 남에게 자기를 칭찬하게 하는 것은 좋으나 자기 입으로 자기를 칭찬해서는 안 된다.

· 훌륭한 사람이 아랫사람이 말하는 것을 듣고 노인이 젊은이가 말하는 것에 귀를 기울이는 세계는 축복받아야 할 것이다.

· 늙음을 재촉하는 네 가지 원인─두려움 · 분노 · 아이들 · 악처.

· 사람의 마음을 안정시키는 세 가지─좋은 음악 · 조용한 풍경 · 깨끗한 향기.

· 사람에게 자신감을 갖게 하는 세 가지─좋은 가정 · 좋은 아내 · 좋은 옷.

· 자선을 행하지 않는 인간은 아무리 부자일지라도 맛있는 요리가 즐비한 식탁에 소금이 없는 것과 마찬가지이다.

· 자선에 대한 사람들의 태도에는 네 가지 유형이 있다.

1. 스스로 물건이나 돈을 남에게 주지만 남이 똑같이 돈이나 물건을 주는 것을 기뻐하지 않는다.
2. 남이 자선을 행하는 것은 원해도 자기는 자선 따위를 베풀고 싶어하지 않는다.
3. 자기도 기꺼이 자선을 하고 남도 자선 베풀 것을 바란다.
4. 자기도 자선 베풀기를 좋아하지 않고 남이 자선 베푸는 것도 싫어한다.

첫째 사람은 질투가 많고 둘째 사람은 자기를 낮추며 셋째 사람은 착하고 넷째 사람은 완전한 악인이다.

· 한 개의 촛불로써 많은 촛불에 불을 붙여도 처음의 빛은 약해지지 않는다.

· 하나님이 칭찬하시는 세 가지 일.
1. 가난한 사람이 물건을 주워서 그것을 주인에게 되돌려주는 일.
2. 부자가 남몰래 자기 수입의 10퍼센트를 가난한 사람에게 주는 일.
3. 도시에 살고 있는 독신자로 죄를 저지르지 않는 사람.

· 세상에 살고 있어도 쓸모없는 남자란 식사를 할 수 있는 내 집을 갖지 못하고 언제나 여편네의 엉덩이에 깔려 몸의 여기저기가 아프다고 신음하고 있는 사람을 가리킨다.

하나님이 칭찬하시는
세 가지 일.

· 일생에 한 번 닭을 실컷 먹고 다른 날에는 굶주리고 있기보다는
  일생 동안 양파만 먹는 편이 낫다.

· 자기 보존은 다음 세 가지 경우를 빼고 모든 것에 우선한다. 단
  지 다음 세 가지 경우에는 자기를 버리고 또 자기 목숨을 버리는
  편이 낫다.

  1. 남을 죽일 때.
  2. 불륜한 성관계에 들어갈 때.
  3. 근친상간을 할 때.

· 상인이 해서는 안 되는 것 세 가지
  1. 과대 선전하는 것.
  2. 값을 올리기 위해 저장하는 것.
  3. 계량을 속이는 것.

· 달콤한 과일에는 그만큼 벌레도 많이 붙고
  재산이 많으면 걱정도 많으며
  여자가 많으면 잔소리도 많고
  하녀가 많으면 그만큼 풍기도 문란해지고
  남자 하인이 많으면 집의 물건도 많이 도둑맞고
  스승보다 깊이 배우면 인생은 보다 풍부해지고
  사람과 만나 유익한 이야기를 들으면 좋은 길이 열리고

자선을 보다 많이 베풀면 보다 빨리 평화가 찾아온다.

· 발가숭이가 되지 말라. 다른 사람이 모두 옷을 입고 있을 때에
  는.
  옷을 입지 말라. 사람이 모두 발가숭이일 때에는.
  일어서지 말라. 다른 사람이 모두 앉아 있을 때에는.
  앉지 말라. 다른 사람이 모두 서 있을 때에는.
  웃지 말라. 다른 사람이 모두 울고 있을 때에는.
  울지 말라. 다른 사람이 모두 웃고 있을 때에는.

탈무드의 머리

 머리는 모든 행동을 지휘하는 총사령부이다. 탈무드에 나오는 일화나 격언을 읽는 것만으로는 아무 의미가 없다.
머리를 써서 생각함으로써 비로소 탈무드의 가르침은 살아난다.
나도 한 마디 말을 놓고 반나절이나 하루 내내 생각하곤 한다.
여기서는 내가 생각한 일을 말하고자 한다. 여러분의 현명한 판단을 기대한다.

사 랑

세상에는 12가지 강한 것이 있다. 첫째 돌이다. 그러나 돌은 쇠로 파괴된다. 쇠는 불에 녹는다. 불은 물에 꺼져 버린다. 물은 구름 속에 흡수된다. 그 구름은 바람에 날려간다. 그런데 바람은 결코 사람을 날려 보낼 수 없다. 그러나 사람은 두려움 때문에 비참하게 된다. 그 잠은 죽음만큼 강하지 않다. 그러나 이 죽음조차 사랑에는 이기지 못한다.

죽 음

화물을 가득 실은 두 척의 배가 항구에 떠 있다. 한 척은 출항 준비를 하고 있으며 한 척은 막 입항한 것이다. 사람들은 대부분 배가 출항할 때에는 성대한 전송을 하는 데 반하여 입항할 때에는 별로 환영하지 않는다.

탈무드에 따르면 이것은 대단히 잘못된 습관이다. 떠나가는 배의 미래는 알 수 없다. 폭풍을 만나 배가 침몰할지도 모른다. 그것을 왜 성대하게 전송하는 것일까. 긴 항해를 끝내고 배가 무사히 돌아왔을 때야말로 기쁨에 찬 환영을 해야 한다. 그것은 한 가지 임무를 완수했기 때문이다.

인생에 대해서도 마찬가지라고 말할 수 있다. 아이가 태어났을 때에는 모두가 축복한다. 이것은 아이가 마치 인생이라는 바다에

돛을 단 것과 같은 것으로서 그 미래에는 무엇이 있을지 모른다. 병으로 죽을지도 모르며 그 아이가 무서운 살인범이 될지도 모른다. 그러나 사람이 영원한 잠에 들어갔을 때는 그가 인생에서 무엇을 해왔는가를 모든 사람이 알고 있으므로 이때야말로 사람들은 축복해야 한다.

'진실'이라는 말

히브리 어의 알파벳을 아이들에게 가르칠 때에는 하나하나의 알파벳에 의미를 지니고 있다고 가르친다. 히브리 어에서 '진실'이라는 말은 최초의 히브리 어의 알파벳 문자와 최후의 알파벳 문자 중간의 문자로도 쓰고 있다. 왜냐하면 진실이라는 것은 유대인에게 있어서는 왼쪽 것도 옳고 오른쪽 것도 옳으며 한가운데의 것 역시 옳다는 것을 두루 아이들에게 가르치기 위해서이다.

맥 주

탈무드에 따르면 하인 또는 노예는 주인과 똑같은 것을 먹어야 한다고 가르치고 있다. 주인이 안락의자에 앉으면 하인에게도 똑같은 안락의자를 주어야 한다. 훌륭한 사람이라 해서 높은 데 앉아서는 안 된다.

내가 이스라엘에 갔을 때, 전선의 부대장에게 초대되어 식사를 함께 한 일이 있었다. 사병이 맥주를 가져오자 사령관이, "사병도 맥주를 마시는가?"라고 물었다.

"오늘은 맥주가 남은 것이 적어서, 여기에 낸 것뿐입니다." 사병이 이렇게 말하자 부대장은, "그렇다면 오늘은 맥주를 마시지 않기로 하지."라고 말했다.

이것이 유대인의 전통적인 사고 방식이다.

죄

인간은 누구나 죄를 저지른다. 유대의 가르침에는 동양의 도덕에서와 같이 엄하고 긴장된 기분은 없다. 유대인은 죄를 저질러도 역시 유대인이다. 유대의 죄의 관념은 예를 들면 화살을 표적에 맞추는 능력이 있음에도 맞히지 않았다는 것과 마찬가지로 본래는 죄를 저지를 생각이 없었는데도 어쩔 수 없이 범해 버렸다고 말할 뿐이다.

유대인이 죄에 대한 용서를 빌 때에는 '나'라고 하지 않는다. 반드시 '우리들'이라고 말한다. 자기 혼자서 저지른 죄라 할지라도 반드시 사람들이 같이 저질렀다고 생각한다. 그 까닭은 유대인은 모두 하나의 큰 가족이라고 생각하고 있기 때문에 자기가 죄를 저질러도 모든 사람이 죄를 저지른 것이 된다.

설사 자기가 물건을 훔치지 않았더라도 훔친다는 행위가 행해진 것에 대하여 하나님께 용서를 빌어야 한다. 그것은 자기의 자선이 모자라, 누군가 다른 사람이 훔쳤기 때문이다.

손

인간은 태어날 때에는 손을 쥐고 태어나지만 죽을 때에는 반대로 손을 편다. 왜 그럴까? 태어날 때에는 사람은 세상의 모든 것을 붙잡으려고 하기 때문이며, 죽을 때에는 모두 뒤에 남은 사람에게 주어서 아무것도 없는 빈 손이라는 뜻이다.

교 사

유대인의 가정에서는 반드시 아버지가 아이들에게 탈무드를 가르친다. 지나치게 아버지가 화를 잘 내거나, 너무 엄격하면 아이들은 아버지를 무서워한 나머지 배울 마음의 여유가 없어져 버린다. '파더' 는 히브리 어로는 '교사' 라는 뜻이 있다. 가톨릭 신부를 영어로 '파더' 라고 부르는 이유는 그 속에 히브리 어의 개념을 갖고 있기 때문이다.

유대에서는 자기 아버지보다도 교사가 중요하며, 아버지와 교사가 한꺼번에 감옥에 들어가 있다고 가정하고 한 사람만 구할 수 있다면 아이는 교사를 먼저 구한다. 그 까닭은 유대에서는 지식을 전하는 교사가 대단히 중요하기 때문이다.

성스러운 것

이것은 영어에도 없는 개념인데 인간에게는 동물에서 천사에 이르기까지 폭넓은 차등이 있어서 천사에 가까워질수록 거룩한 것에 접근한다는 관념이 있다.

"거룩하다는 것은 무엇인가?"라고 랍비가 학생들에게 묻자, 대부분의 학생들은 그것은 하나님을 위해 목숨을 버리는 것이라고 말하고 어떤 학생은 늘 기도하는 것이라고 답했다. 여러 학생이 저마다 다른 대답을 했다.

그러자 랍비는, "거룩하다는 것은 무엇을 먹을 것인가와 네가 어떻게 '야다'(성)를 행하는가에 있다."라고 말했다. 학생들은 떠들기 시작했다.

"돼지를 먹지 않는다든가, 어떤 때에 섹스를 하지 않는다든가, 그러한 일이 거룩한 것입니까?"라고 물었다.

그러자 랍비가 말했다.

"그 이유는 안식일을 지키고 있다는 상태는 누구나 알 수 있는 일이고, 하나님을 위해 죽는다는 것도 대번에 알 수 있다. 그러나 당신이 자기 집에서 무엇을 먹고 있는가는 다른 사람이 알 수가 없다. 개인의 집을 방문하거나 또 도시로 나갔을 때 유대인이 모두가 지키고 있는 계율에 따른 식사를 해도 집에 돌아가면 다른 것을 먹을

지도 모른다. 또 성행위도 남이 보고 있는 것이 아니다.

그러므로 집에서 식사하고 있을 때와 성행위를 하고 있을 때는 인간은 동물과 천사 사이의 어디에나 있을 수 있다. 이때 자기 인격을 높일 수 있는 사람이 진정 거룩하다."

증　오

유대인은 오랜 동안 박해와 죽음을 당한 역사를 갖고 있으나 침략자에 대한 증오를 이야기한 문학서나 문헌은 하나도 찾아볼 수 없다. 그 까닭은 유대인은 격한 증오의 감정을 품지 못하는 민족이기 때문이다.

나치에 의해서 몇 백만이라는 사람들이 살해되었으나 반독일 또는 독일인을 저주하는 서적은 하나도 찾아볼 수 없다. 이스라엘은 아랍 인과 전쟁은 하지만, 증오하고 있지는 않다. 기독교도로부터 박해받고 있으나, 기독교도를 증오하는 일도 없다.

따라서 샤일록이 증오에 불타서, "만약 당신이 돈을 갚지 않으면 한 파운드의 살을 도려내어 갚아라!"라고 한 이야기(셰익스피어 작 《베니스의 상인》)는 전혀 가공적인 것으로 현실의 □□ □□에게는 상상조차 할 수 없는 거리가 먼 사실이다.

베드로가 바울에 대해서 이야□□ □□ 것은 바울이 어떠한 인물인가 하는 것보□□ □□ 베드로가 어떠한 인물인가 하는 것을 이야기하고 □□□□ 지나지 않는다. 그와 마찬가지로 셰익스피어는 기독교도였으므로, 이것은 기독교도의 사고법을 잘 나타냈었을 뿐 유대인과는 전혀 관계 없는 것이다.

만약 유대인이 교활하고, 잔인하고, 욕심이 많고, 정직하지 않고, 사람에 대해 증오에 불타고 있다면 왜 가톨릭 협회가 자금을 필요로 했을 때, 같은 기독교도에게로 가지 않고 유대인에게로 오는 것일까. 이것은 유대인이 가장 정직하며, 가장 신뢰할 수 있는 사람이기 때문이다. 유대인은 늘 마음이 따뜻한 민족으로 알려져 있다. 그러므로 유대인에게 아주 슬픈 이야기를 하면 틀림없이 동정해줄 것이다.

유대인은 돈을 빼앗겨도 절대로 그것을 벌하려고는 하지 않는다. 어디까지나 유대인은 상대를 벌하기보다는 돈을 되찾는 데 관심이 있다. 그러므로 돈 대신 자동차를 잡거나 시계를 잡거나 하지, 팔이나 심장 따위를 잡지는 않는다. 그것이 쓸데없다는 것을 잘 알고 있기 때문이다.

탈무드에서는 인간은 모두 한 가족이며 하나의 커다란 부분이므로 예컨대 자기가 오른손을 써서 무엇을 만들고 있을 때 왼손을 잘라 냈다고 하여, 왼손이 보복하려고 오른손을 잘라내는 일 따위는 하지 말라고 씌어 있다.

탈무드 시대에 대금업자라는 것은 유대인 사이에서는 존재하지 않았다. 그 무렵의 유대 사회는 농경사회였으며 대단히 가난한 사회였기 때문이다. 그러므로 셰익스피어를 읽을 때에는 먼저 기독교도가 얼마나 유대인을 증오하고 멸시했는가를 전제로 하지 않으면 안 된다.

기독교도 사이에서는 금전에 대한 멸시가 있다. 특히 신약성서 가운데에는 예루살렘의 환전상은 유대인들이 거의 독점하고 있다고 씌어 있다. 그러나 외국의 비행장에 도착해서 만약 환전상이 한 명도 없었다고 가정한다면 외국인은 결코 그 나라에서 머물 수가 없을 것이다.

유대인은 예루살렘에는 연간 3회쯤 오게 되어 있었으므로 거기서 자기가 갖고 있던 시리아의 돈이라든가, 바빌로니아 돈이라든가, 그리스의 돈을 바꾸어야 했다.

신약성서에서는 돈이라는 것은 악이라고 말하고 있는데, 유대인은 한 번도 돈을 악이라고 생각한 일이 없다. 만약 누군가가 어떤 사람에게 돈을 빌렸을 경우, 돈을 빌려준 쪽은 그 담보물을 자기 것으로 할 수 없게 되어 있다. 예를 들면 옷을 담보했을 경우, 그가 그것밖에 갖고 있지 않다면, 그것을 자기 것으로 할 수 없다. 접시를 담보로 했을 경우도, 그것이 하나밖에 없으면 소유권을 바꿀 수가 없다. 또 그 집을 담보했을 때, 살고 있는 사람이 노숙을 하지 않으면 안 될 상태라면 그 집을 역시 자기 것으로 할 수 없다.

단 한 가지라도 그것이 사치를 위해서 갖고 있다면 문제는 다르다. 그러나 생계를 유지하기 위해서 꼭 필요한 것이라면 돈을 떼이더라도 자기 소유로 못 한다. 예를 들면 생계를 유지하기 위해서 당나귀를 한 마리 갖고 있다면 그 당나귀를 잡을 수는 없어도 그가 쓰고 있지 않는 밤에는 당나귀를 저당 잡을 수 있다. 의복을 잡았을 경우 이스라엘의 밤은 몹시 춥기 때문에 밤이 되면 그 의복을 되돌려 주지 않으면 안 된다. 왜냐하면 그것은 인간의 존엄을 침해하는 행위가 되기 때문이다.

담

유대인은 수도원이나 결혼하지 않은 승려의 존재를 인정하지 않았다. 인간은 자연스럽게 사는 것이 가장 합리적이라고 생각해서이다. 탈무드 가운데에는 "1미터의 담이 100미터의 담보다 낫다."라는 말이 있다.

즉, 1미터의 담은 틀림없이 서 있지만 100미터의 담은 무너지기 쉽다. 인간이 평생 섹스를 하지 않는다는 것은 전혀 불가능한 일이어서, 100미터의 담과 같다는 것이다. 아내를 갖지 않는 유대인에게는 행복이 없고 하나님으로부터의 축복도 없다. 선행도 쌓지 않는다. 탈무드에는 남자는 18살이 되면 결혼하는 것이 가장 합리적이라고 씌어 있다.

학 자

모든 재산을 다 팔아서 딸을 학자에게 시집보내는 일이나 또는 학자의 딸을 얻기 위해서는 집안의 모든 재산을 잃어도 좋다.

숫 자

유대인에게 7이라는 숫자는 대단히 중요하다. 첫째로 7일째에 안식일이 온다. 7년째에는 밭을 쉬게 하고, 49년째는 매우 경사스런 해로 말을 쉬게 하는 한편 빌린 돈은 채무가 소멸되는 축복의 해이다.

1년 두 번 있는 대축제─패스오버(출애굽 기념)와 스코트(수확제)는 각각 7일 동안 계속된다.

유대의 달력은 세계에서 가장 정확하다. 모두가 노예였던 유대인이 이집트에서 탈출한 날, 이것은 유대 역사에 있어 대단히 중요한 날이기 때문에 그때를 제1월로 하여 그로부터 7개월 뒤에 신년이 된다.

미국의 신년은 1월1일이다. 그러나 미국에는 제일 중요한 최초의 첫 달은 독립한 7월이다. 예산 연도나 학교의 연도도 모두 7월부터 시작된다. 그와 마찬가지로 유대인들도 이집트를 탈출한 때가 첫 달이 된다. 패스오버가 1월, 그리고 7개월째에 신년을 맞고 스코트 축제를 갖는다.

먹을 수 없는 것

유대인은 고기를 먹을 때에는 그 고기에서 모든 피를 완전히 빼내야 한다. 피는 생명이다. 물고기나 짐승 고기를 먹을 때 그 피는 철저히 빼내 버리게 되므로 유대인이 먹는 고기는 매우 깨끗하고 말려져 있다.

동물을 때려잡으면 피가 굳어 버리기 때문에 그렇게 죽이는 일은 거의 없다. 전기로 죽이더라도 마찬가지로 피가 굳어 버리므로 그렇게 죽이지도 않는다.

유대인은 옛날부터 동물에게 고통을 주지 않고 피를 전부 빼내는 방법을 실험해 냈다. 먼저 동물을 죽여서 고기를 30분 동안 물에 담근 후 돌소금을 뿌려 그 소금이 피를 빨아들이도록 한다. 소금을 뿌리면 소금 둘레에 피가 빨려들어서 붉은 피의 테가 형성되는 것을 육안으로 볼 수 있다. 흡수된 피는 물로 씻는다. 간장이나 심장과 같이 대단히 핏기가 많은 부분은 먼저 피를 전부 증발시키기 위해서 불에 구워야 한다. 그러나 그렇다고 해서 피가 더럽다는 생각을 가진 것은 아니다.

닭이나 소를 잡는 사람은 대단한 전문가여서 랍비와 같이 훈련받은 해부학의 권위자이며 신앙심도 대단히 두터워 사람들로부터 존경받는 입장에 있다.

유대인은 4,000년 전부터 이미 해부학에 대해서 조예가 깊었다. 탈무드에도 랍비가 사람의 몸까지 해부했다는 이야기가 나올 정도이다. 아마도 그 무렵에 이미 인체 해부 지식에 대해서는 완전히 알고 있었던 것으로 생각된다.

해부를 할 때에는 매우 날을 잘 세운 칼이 사용된다. 칼은 쓸 때마다 다시 날을 갈며 먼저 도살하는 동물을 거꾸로 매달아서 목을 베고 그 피가 아래로 쏟아지게끔 한다.

동물을 죽인 사람은 그 동물을 자세히 살핀다. 이것은 어떤 나라의 식육검사보다도 엄격하다. 유대인의 감별 기준은 매우 엄격해서 미국의 농림성이 검사필한 식품이라 해도 랍비는 먹지 못하는 경우가 있을 정도이다. 미국 농림성의 검사 방법은 그 역사가 200년밖에 안 되지만 유대인들은 수천 년 동안 계속해온 긴 역사를 가졌기 때문인지도 모른다.

우리들은 피에 대해 기피할 생각은 없다. 제단에 양을 바칠 때에는 피를 더러운 것으로 다루고 있지 않다. 또 탈무드에서 어떤 사람은 새우를 먹고 자기는 먹지 않는다고 해서 자기 쪽이 더 건강하다고는 말하고 있지 않다. 내가 새우를 먹지 않으므로 새우는 좋지 않다고는 말할 수 없다. 이것은 아무런 이유도 없고, 단지 하나님이 유대인에게 새우를 먹지 말라고 해서 먹지 않을 뿐이다.

또 네 발 가진 동물은 두 개 이상의 위가 있고 발굽이 두 개로 갈라져 있는 동물이 아니면 먹어서는 안 된다. 돼지는 위가 하나뿐이므로 먹지 못한다. 말도 발굽이 갈라져 있지 않기 때문에 식용으로는 못 쓴다. 물고기는 지느러미와 비늘이 없으면 안 된다. 그러므로 미꾸라지는 먹어서는 안 된다.

또 물고기를 먹는 새도 먹어서는 안 된다. 독수리 따위는 먹을 수 없다.

거짓말

어떤 경우에 거짓말을 하면 용서받을 수 있을까?

탈무드에서는 두 가지 경우에는 거짓말을 해도 좋다고 말하고 있다. 첫째, 이미 누군가가 사버린 물건에 대해서 의견을 물어 왔을 때는 가령 그것이 나빠도 훌륭하다고 말하라.

다음에 친구가 결혼했을 때에는 부인이 미인이 아니라도 반드시 부인을 대단히 미인이라고 말하라.

착한 사람

세상에는 네 가지 필요한 것이 있다. 금·은·철·동이다. 그러나 이것들은 그 대용품을 구할 수가 있다. 진정으로 바꿀 수 없는 필요한 것은 바로 '착한 사람'이다. 탈무드에 따르면, '착한 사람'이라는 것은 커다란 야자나무처럼 무성하고 큰 레바논 삼나무처럼 늠름하게 하늘 높이 솟아 있는 것이라고 말한다. 야자나무는 한 번 잘라 버리면 다음에 날 때까지 4년이란 세월이 걸리며 레바논 삼나무는 아주 멀리 가서 보아도 볼 수 있을 정도로 높이 솟은 나무이다.

주 즈

탈무드 시대의 유대인 가정에서는, 안식일 전날인 금요일 저녁에 어머니가 반드시 촛불에 불을 붙인다. 아버지는 아이들의 머리에 손을 얹고 축복을 한다. 그 촛불에 불을 켤 때 반드시 유대인 집에는 'JEWISH NATIONAL FUND'라고 씌어진 상자가 있어서 아이들에게 주즈(동전)가 주어지고 촛불을 켤 때 아이들은 자선을 위해 그 상자에 돈을 넣는다. 이것은 자선의 행위를 어릴 때부터 가르치기 위한 것이다. (히브리 어로 동전을 '주즈'라고 한다. 이것은 화이기도 하지만 동시에 '움직인다'라는 뜻도 있다.)

금요일 오후에는 가난한 사람들이 자선을 빌기 위해 부자들의 집을 돈다. 그러면 그 집의 어머니나 아버지가 가난한 사람들에게 직접 돈을 주게 되어 있다. 이것은 아이들에게 자선심을 심어 주기 위해서이다. 지금도 유대인은 세계에서 가장 많이 자선을 위해 돈을 쓰고 있는 민족이다.

두 개의 머리

탈무드에는 하나의 사고법을 단련시키기 위해 현실적인 방법이 아니더라도 어떤 원리와 같은 이야기가 많이 씌어 있다. 그 한 가지를 예로 들어 여러분과 함께 생각해보기로 하자.

이러한 가설적인 설문이 있다.

"만약 갓난아이가 두 개의 머리를 가지고 태어났다면 이 갓난아기는 두 사람으로서 가르쳐야 하는가? 그렇지 않으면 한 사람으로서 가르쳐야 하는가?"

이 질문은 얼핏 터무니없는 것으로 생각되지만 그러나 인간은 두 개의 머리가 있어도 몸통이 하나라면 한 개의 머리는 한 사람으로 여겨야 한다는 원칙을 확립하기 위해서는 극히 적절한 가설이다.

유대교에서는 아이가 태어나서 만 1개월이 되면 예배소에 데리고 가서 축복을 받는다. 그 경우 머리가 두 개 있으면 두 번 축복을 받아야 하는가 아니면 몸이 하나이므로 한 번만 받아야 하는가?

또 기도할 때에는 작은 주발을 머리에 얹는데 한 사람이므로 주발은 한 개만 얹는가? 그렇지 않으면 머리가 두 개 있으므로 두 개를 얹어야 하는가? 독자라면 이 가설에 대해 어떤 방법으로 결론을 내릴 것인가.

탈무드의 답은 명백하다. 한쪽 머리에 뜨거운 물을 부어 딴 머리가 비명을 지르면 한 사람이고 딴 머리가 만약 아무런 반응이 없는 얼굴을 하고 있으면 두 사람인 셈이 된다.

나는 유대인이 어떠한 민족인가 하는 이야기를 할 경우 특히 이 이야기를 응용한다. 즉 이스라엘에 있는 유대인이 박해받거나 러시아에 있는 유대인이 박해받았다는 이야기를 듣고 자기가 그 고통을 느끼고 비명을 지른다면 그 사람은 유대인이다. 그러나 만약 비명을 지르지 않았다면 유대인이 아니다.

이와같이 응용 범위가 넓은 우화는 탈무드 가운데 아주 많다. 왜 랍비들은 설교할 때에 이렇게 어려운 우화를 인용했을까. 그것은 설교는 사람들이 곧 잊기 쉬우나 우화의 교훈은 오래도록 잊혀지지 않고 기억될 수 있기 때문이다.

간 통

탈무드 시대에는 만약 아내가 외간 남자와 성관계를 가졌을 경우 이것은 물론 남편에 대한 죄이므로 남편이 아내 또는 아내의 정부에 대하여 아무리 가혹한 벌을 내려도 좋게 되어 있었다. 남편이 처벌할 수도 있었다.

그러나 그것은 다른 민족의 경우이고 유대인에게 있어서는 이것은 신에 대한 모독이라 여겨져 남편은 용서할 권리조차 없도록 되어 있다. 유대인의 세계가 규범으로 정하고 있는 율법에 대한 범죄인 것이다. 말하자면 이것은 인간에 대한 죄가 아니고 신에 대한 죄라고 생각되었다.

자 백

유대인의 법에서는 자기에게 불리한 것을 증언하면 무효가 된다. 따라서 자백이란 인정되지 않는다. 왜냐하면 자백은 오랜 경험에 의해서 고문으로 얻어지는 경우가 많다는 것을 알고 있었기 때문이다. 그러므로 이스라엘에서 자백은 지금도 무효이다.

성

· 성관계는 올바르고 깨끗하게 행하면 즐거움이 된다. 성적 교섭
이 추하다든가 부끄럽다는 말을 쓰는 일이 있어서는 안 된다.

· "모든 교사는 아내를 가지지 않으면 안 되며 모든 랍비는 결혼한
사람이어야 한다."라는 말이 탈무드에 나오는데 이것은 아내를
거느리지 않은 사람은 인간이 아니라는 사상이 있기 때문이다.

· 탈무드에서는 성을 생명의 강이라고 부르고 있다. 이 말은 강은
넘쳐서 홍수를 이루고 여러 가지 것을 파괴할 수도 있으나 때로
는 여러 가지 열매를 맺게 하고 이 세상에 아주 쓸모 있는 것이
될 수도 있음을 의미한다.

· 남자의 성적 흥분은 시각을 통하여 일어나고 여성은 피부 감각
에 의해서 성적으로 흥분한다.
탈무드에서는 남자에게, "여자와 닿을 때는 주의하라!"고 했고
여자에 대해서는, "옷 입는 법에 주의하라!"고 가르치고 있다.
계율이 엄한 유대인 사회에서는 상인이 거스름돈을 줄 때에도
여성에게 절대로 손으로 직접 건네주지 않는다. 반드시 어딘가
에 놓아서 가져가게 한다.
또 계율을 엄히 지키는 이스라엘 여성은 미니 스커트 따위는 절
대로 입지 않는다. 여성들은 아직도 긴 소매에 긴 스커트를 입고

나가는 것을 규범으로 알고 있다.

· 랍비는 남자가 흥분이 절정에 이를 때와 여자가 도달할 때와의
  사이에 시간적인 차이가 있음을 알고 있다. 여성이 절정에 이르
  기 전에 남자는 끝낼 수 있다.
  아내의 동의 없이 아내를 끌어안는 것은 강간이나 다름없으므로
  남편이 아내와 관계를 맺을 때에는 먼저 아내를 설득할 필요가
  있다. 상냥한 말을 걸고 상냥하게 애무할 시간을 충분히 갖도록
  하지 않으면 안 된다.

· 월경 때에는 아내를 멀리 해야 한다. 월경 뒤라도 7일 동안은 금
  해져 있다. 부부라 하더라도 십이삼 일 동안은 절대로 손을 댈
  수가 없으므로 그 동안에 남편의 아내에 대한 그리움이 깊어져
  계율의 날짜가 끝났을 때에는 부부는 언제나 신혼 때와 같은 관
  계를 되풀이할 수 있다.

· 결혼한 여자는 다른 남자와 성관계를 맺어서는 절대로 안 된다.
  그러나 탈무드 시대에 남자는 두 사람 이상의 아내를 가져도 된
  다고 허용하고 있었지만 일부일처제가 확립된 뒤부터는 아무도
  한 명 이상의 아내를 가지지 않게 되었다. 아내 이외의 여자를
  갖는 것은 성실성이 없는 남편이라는 관념이 지배적이다.
  그러나 탈무드 가운데에는 매춘부를 사는 이야기가 소개되어 있
  다. 자위행위보다는 매춘부에게로 가는 쪽이 낫다. 아내가 계속

거부할 때에는 결혼한 남자가 그러한 곳에 가는 것도 부득이하다고 생각했던 것이다. 그러나 유대인 사회는 학문과 계율과 종교를 중히 여겼기 때문에 매춘행위가 성행할 요소는 매우 적었다.

그 즈음의 랍비는 피임법에 대해 정통하고 있었다. 그렇기 때문에 어떤 피임법을 쓰면 좋은지를 모두 랍비가 지도했다. 그런데 이것은 여자에게만 행해졌다.

탈무드에는 피임술을 행하여도 좋은 세 가지 경우가 있다. 임신한 여자, 어린 아이들을 키우고 있는 여자, 소녀이다.

임부를 피임 허용 범위 안에 포함시킨 것은 그 무렵 랍비의 지식으로는 임신하고 있는 동안에도 다시 한 번 임신할 수도 있지 않을까 하고 생각되었기 때문이다.

아이들을 키우고 있는 여자는, 4살까지는 태어난 아이를 보살펴 주는 것이 당연하다고 생각했기 때문에 4년 안에 다시 아이를 갖는 것을 장려하지 않았다.

소녀의 경우는 약혼해서나 또 젊어서 결혼해서도 몸에 해롭다고 생각되었기 때문이다.

기근일 때나 민족적인 위기일 때 유행병이 퍼지고 있을 때도 역시 여성의 피임은 장려되었다.

동성애

랍비들에게 동성애는 용서할 수 없는 행위였다. 유대인에게는 동성애의 예가 극히 적었다. 그 까닭은 대단히 강한 아버지와 상냥한 어머니라는 것이 유대 남녀의 이상형이었기 때문이다.

사 형

사형 판결을 내릴 경우, 재판소에서 판사의 전원 합의로 이루어진 사형 판결은 무효이다. 그 까닭은 재판에 대해서는 언제나 두 가지 견해가 있어야지 한 가지 의견밖에 나타나지 않는다는 것은 공정한 재판이 되지 못할 우려가 있기 때문이다. 사형이라는 극형을 정할 때만은 전원이 일치하면 사형은 무효라고 정해져 있었다.

물레방아

갑, 을 두 사람이 있었다. 갑이 을에게 물레방아를 빌려주었다. 이 사용료는 을이 갑의 곡물을 무료로 전부 갈아주는 것으로 대신하고 을이 갑의 물레방아를 사용한다는 계약으로 되어 있었다.

그 동안에 갑은 부자가 되어서 다른 물레방아를 몇 개 더 샀다. 그래서 이제는 자기의 밀을 빻는 데 을에게 부탁할 필요가 없어졌다. 그래서 을에게로 가서 사용료를 돈으로 지불해 달라고 말했다. 그런데 을은 사용료로 가루를 계속 갈아주고 싶었다.

이 경우 어떻게 하면 좋은가!

탈무드의 판결은 다음과 같다.

만약 갑이 가루를 갈지 않음으로써 을이 돈을 지불할 수 없다면 계약대로 갑의 가루를 계속 갈아줌으로써 사용료를 지불해야 하지만 만약 갑의 가루를 갈지 않고 제3자의 가루를 갈아 돈을 지불할 수 있다면 돈으로 지불해야 한다.

계 약

고용주와 종업원 사이에 다음과 같은 계약이 이루어졌다. 종업원은 고용주를 위하여 일하고 1주일마다 임금을 받기로 되어 있었는데 그것은 현금이 아니고 가까운 슈퍼마켓에서 그 금액에 상당하는 물건을 사고 슈퍼마켓의 책임자가 그의 고용주로부터 현금을 받는다는 계약 조건이었다.

1주일이 지났다. 종업원은 불만스런 얼굴로 고용주에게 찾아와서, "슈퍼마켓에서는 현금을 갖고 오지 않으면 팔지 않겠다니 현금으로 지불해 주십시오." 하고 말했다.

그런데 갑자기 슈퍼마켓의 책임자가 와서, "댁의 종업원이 이만큼의 물건을 가지고 갔으므로 대금을 받으러 왔습니다."라고 말하는 것이었다. 이 경우 고용주는 도대체 어떻게 하면 좋은가?

먼저 사실을 확인할 필요가 있었는데, 충분히 조사해 보았지만 종업원도 슈퍼마켓 책임자도 사실을 증명할 만한 것이 아무것도 없었다. 그래서 탈무드로도 어찌하면 좋을지 몰랐다. 그러나 이 두 사람은 신의 이름으로 선사했음에도 불구하고 자기 주장을 굽히지 않았으므로 탈무드는 고용주에 대하여 양쪽 모두에게 지불하라는 명령을 내렸다.

그 까닭은 종업원은 슈퍼마켓의 청구와는 직접 관계가 없으며 슈퍼마켓 쪽의 입장에서도 종업원과는 직접 관계가 없다. 그런데 고용주는 양쪽에 다 관계가 있으므로 그러한 관계를 가진 이상 고용주는 어느 쪽에나 책임이 있기 때문에 양쪽 모두에게 지불하라고 명령한 것이다.

이것은 탈무드 가운데에서 오랫동안 여러 가지 토론이 행해졌던 항목인데 이 결정이 가장 타당하다. 어느 쪽인가가 거짓말을 하고 있을지 모르지만 선서를 했고, 경영자는 양쪽 모두와 계약하고 있으므로 어쩔 수 없다. 요는 계약행위를 신중히 하라는 교훈이다.

광 고

현실 사회에서는 광고를 할 때에 과장 또는 허위 광고를 해서는 안 되게 되어 있다. 그럼에도 불구하고, 자동차·맥주 또는 담배 등 오늘날 범람하고 있는 광고를 보면 반드시 솔직한 정보를 전하고 있다고는 볼 수 없다. 예를 들면 한 상품 쪽이 어떤 상품보다도 좋다고 칭찬하고 있지만 반대로 다른 상품을 보면 역시 똑같은 말을 되풀이하고 있다.

그러나 상품과 관계가 없는 포장이나 디자인도 상당한 영향을 주고 있다. 그러나 오늘날 이러한 것은 좋은 판매방법이라고 인식되고 있다. 예를 들면 미국 담배 광고를 보면 아름다운 아가씨가 차 안에서 담배를 맛있게 피우고 있는 장면이 나온다. 물론 여기서는 거짓말을 하고 있는 것은 아니지만 실제로 담배를 피우는 사람은 그 아가씨와는 아무 관계가 없다.

탈무드에서는 이와 같은 판매 방법은 금하고 있다. 왜냐하면 이런 광고는 어떤 의미에서는 사람을 속이는 행위라고 말할 수 있기 때문이다.

탈무드에서는 소를 팔 때 털에 다른 색을 칠하는 것을 금하고 있고, 또 여러 가지 도구에 색을 칠해서 새것으로 위장하는 행위도 금하고 있다. 즉 속이기 위한 목적을 갖고 그것에 색을 칠하는 것은 금하고 있는 것이다.

탈무드에서는 어느 곳에 노예가 있었는데 그 노예가 먼저 머리를 물들이고 얼굴에 화장을 해서 자기를 젊게 보이게 하여 사는 사람을 속였다는 예가 실려 있다. 또 채소장수가 신선한 과일을 오래된 과일 위에 얹어 파는 것도 안 된다고 말하고 있다.

또 탈무드에는 건물의 안정 규정에 대한 것도 씌어 있는데, 예를 들면 차양 길이 제한, 발코니 기둥 굵기에 이르기까지 아주 자세하게 언급되어 있다. 노동 시간에 대해서는 그 지방의 상식적인 관례의 노동 시간을 넘어서 사람을 일하게 해서는 안 된다고 말하고 있는데, 예를 들면 과일 따는 노무자를 고용했을 경우, 그 노무자가 어느 정도 과일을 슬쩍해서 먹는 것을 금할 수 없다고 말하고 있다.

또 탈무드에 의하면 상품을 팔 때, 그 물건과 성질이 완전히 다른 이름을 상품명으로 붙이는 것을 금하고 있다.

오늘날 미국 광고에서는 킹 사이즈니 풀 야드니 하는 과장된 말이 남발되어서 사용되고 있는데 풀 야드라는 말은 사실 1야드 정도에 지나지 않으므로 유대에서 그러한 말은 일찍부터 금해져 있었다.

소유권

소유권에 대해 이야기해 보도록 하자. 동물의 소유권은 낙인으로 증명할 수 있다. 시계 따위는 이름을 새길 수가 있다. 양복은 이름을 짜 넣을 수 있다. 자동차나 건물 같은 소유권은 관청에 가서 등기할 수 있다.

그러나 물건에 따라서는 이름을 쓰거나 등기하기가 곤란한 경우도 있다. 그렇다면 그와 같은 경우에는 어떻게 소유권을 증명하면 좋은가.

맨 처음에 여러 가지 예를 생각한 다음 원칙을 확립한다는 것이 탈무드에 정해진 진행 방법이다. 그 까닭은 이러한 경우는 1원에서 100억 원 가량까지의 거액이 거래되므로 원칙을 세워 두지 않으면 판단을 내리지 못하기 때문이다.

두 사람이 극장의 서로 다른 문으로 들어가 한 가운데 두 개의 좌

석이 비어 있어 거기에 앉으려고 했다. 그때 누구의 것인지 확인하기 어려운 물건이 그 자리에 놓여 있었다. 동시에 그것을 발견한 두 사람이 그것을 서로 자기 것이라고 주장했다. 이 경우 어떻게 하면 해결할 수 있을까.

이것에 대해서는 탈무드 가운데에서도 여러 가지 의견이 있다. 첫째 나누면 좋으리라는 의견이 있는데, 이것은 원칙으로 그럴 수 없다. 그 까닭은 재판소에 가서 나누게 되면, 뒤에 앉아 있던 사람도 손을 내밀지 모르며 모두가 내 것이라고 주장할지도 모르기 때문이다. 발견한 사람에게 권리가 있다는 것을 전제로 한다면 발견하지도 못한 주제에 뒤에서 나서는 사람들의 권리까지 인정해서는 곤란해진다.

탈무드는 여기에서 성서에 손을 얹고 선서하라! 양심에 비추어 자기 것이라고 생각한다면 나누라고 했으나 탈무드의 경우에는 언제나 누가 뭐라고 다른 의견을 내놓으면 그것을 반박할 또 다른 의견이 나오게 마련이다. 그래서 다음에는 선서도 쓸데없지 않은가라는 의견을 누군가가 말했다. 즉 자기 것이라고 말하고 선서했는데도 그것을 반밖에 갖지 못한다는 것은 선서 자체를 모독하는 행위가 되기 때문이다.

그러면 반은 자기 것이라고 하는 투로 선서하면 되지 않은가라고 하면 그 경우는 갑이 100퍼센트를, 을이 50퍼센트를 주장하여 재판소에 가면 먼저 갑은 반이 인정된다. 50퍼센트라고 주장한 을은 반의 반밖에 인정되지 않는다.

그러나 이 이론은 어떻게 하든 자기에게 권리가 있다고 하여 선서하는 것이 최후의 방편이 되고 있다.

그런데 주운 것이 금화가 아니고 고양이였을 경우 어떻게 될까. 이것은 반으로 나눌 수도 없다. 그 경우는 두 사람이 고양이를 팔아 해결한다. 또 고양이 값의 반을 상대에게 주고 한 사람이 고양이를 가지면 된다.

단지 고양이의 경우는 소유주가 나타날 때까지 일정 기간 기다리는 등 여러 가지 수속이 필요하지만 1,000달러짜리 지폐라면 소유주가 찾지 못하는 것으로 인정하여 처음부터 나눈다.

길에 떨어뜨린 돈을 누군가가 이미 주운 뒤에 돌아와, "내가 조금 전에 여기에 만 원을 떨어뜨려, 지금 길을 되돌아온 참이다."라고 말해도 그 사람이 정말 떨어뜨렸는가 어떤가는 입증할 수 없다. 지폐에 이름을 적어 두었다 하더라도 자기 손을 거치는 만 원짜리 지폐에 전부 이름을 적어, 그 돈을 다시 보게 될 때마다 자기 것이라고 한다면 문제가 생길 것이다. 그러나 아주 특별한 편지 따위가 함께 들어 있어서 그것이 자기 것이라고 증명할 수 있는 경우는 예외이다.

결국 앞의 극장의 경우 먼저 물건을 만진 사람이 '이긴다'라고 결론짓고 있다. 그 까닭은 보았다는 것은 아무도 입증할 수 없지만 만졌다는 것은 입증하기 쉬우므로 그것이 하나의 원칙으로 되어 있기 때문이다.

두 개의 세계

한 사람의 랍비와 두 사람의 사나이가 있었다. 랍비는, "나는 랍비이므로 사람들은 나를 전적으로 믿는다. 내가 두 사람 가운데 한 사람에게서 천 원을 빌리고 또 한 사람에게서 천 원씩 두 번 이천 원을 빌렸다.

어느 날 두 사람이 찾아와, 두 사람 다 이 천원을 갚으라고 아우성 쳤다. 그런데 나는 누구에게 더 많이 빌렸는지 기억을 못하고 있다. 어떻게 하면 좋은가?" 라고 물었다.

탈무드에서는 두 가지 의견이 있다. 다수의 의견은, "천 원씩 빌린 것은 틀림없다.

이 가운데 누군가는 천 원만 빌려 주었지만, 누군지 알 수 없으므로 우선 천 원씩 갚는다. 또 나머지 천 원은 앞으로 증거가 나올 때까지 재판소에 맡겨 둔다."라는 의견이다.

그런데 한 사람의 랍비가 이렇게 말했다.

"잠깐, 두 사람 가운데 한 사람은 도둑이다. 천 원밖에 빌려 주지 않았는데도 천 원을 더 받으려 한다. 천 원씩 갚아 버린다면 도둑은 잃는 게 아무것도 없다. 그래서는 사회 정의가 바로 서지 않는다. 도둑이나 악인에게 돈을 주거나, 아무런 벌도 주지 않은 채 그대로 지나쳐 버린다는 것은 사회 정의에 어긋난다. 그러니 두 사람에게 다 한 푼도 갚지 않는 게 좋다. 그러니 법정은 전액을 보관해야 할 것이다."

그러나 도둑 쪽에 천 원이 돌아가지 않는다는 것은 도둑이 영원

Two world

히 천 원을 잃는 게 되는 것이므로 집에 돌아가 수첩을 잘 살펴보니 내가 천 원을 빌렸다고 하고 천 원을 되찾아갈 가능성이 있다. 그러니 앞의 극장에서도 같은 원칙을 적용해야 한다고 생각했다. 한쪽은 거짓말임에 틀림없다. 그럼에도 불구하고 반을 얻는다는 것은 거짓말쟁이가 이득을 보는 것이기 때문에 이것은 사회의 원칙에 어긋난다.

따라서 재판소는 앞으로 증거가 나올 때까지 그것을 보관해야 한다고 했다.

그러나 극장의 경우는 양쪽이 함께 발견했을 경우도 있을 수 있는 일이므로 선서를 시켜볼 수가 있다. 그러나 천 원과 이천 원의 경우는 어느 쪽인가 거짓말을 하고 있을 가능성이 확실하므로 선서 시키지는 못한다.

거짓 선서를 해서는 안 된다는 것은 하나님의 십계 가운데 하나인데 만약 거짓 선서를 하면 채찍으로 서른아홉 번을 맞는다. 선서를 했는데도 거짓말을 한다는 것은 큰 수치가 된다.

그런데 탈무드에서는 극장에서 돌아온 두 사람의 사나이는 한 사람은 내가 발견했으니 전부 내 것이라 말하고, 다음 사나이도 이것은 전부 내 것이라고 말해 선서를 해도 자기 주장을 굽히지 않으므로 어떻게 할 방법이 없다.

탈무드가 아무리 지면을 많이 사용하고 있는 책이라 해도, 긴 역사를 이 정도의 한정된 분량으로 논하고 있으므로 너무 지면을 헛되이 사용할 수는 없지만 이 논쟁에서는 되풀이되는 것이 많다. 이것은 탈무드에서 대단히 드문 경우이다.

그러나 잘 생각해보면 이것은 두 개의 모순을 되풀이하고 있다. 그 까닭은 두 개의 세계가 있다는 것을 나타내기 위해 의도적으로 말하고 있는 것이라고 생각된다.

탈무드의 손

손은 머리의 판단에 따라 움직인다. 머리와 손은 주종 관계이다.
탈무드 연구에 열을 올린 사람으로서 오로지 탈무드적 사고법을 따라온 내 손은
어느 사이엔가 탈무드의 사자(使者)가 되어 있었다.
여기서는 매일처럼 일어나는 어렵고 까다로운 문제들을 내가 어떻게 해결해 왔는지는
실례를 들어 소개하겠다. 지금까지의 일화 · 격언의 응용편으로 여기면 될 것이다.

형제 사랑

두 형제가 죽은 어머니의 유언 때문에 다투고 있었다. 유언의 해석에는 저마다 일리가 있었다.

이 두 사람은 어릴 때부터 독일·러시아·시베리아·만주를 지나 전쟁 중에는 이리저리 함께 도망다녀서 대단히 의좋은 형제였는데 이 유언을 둘러싼 문제를 놓고는 서로 헐뜯고 미워했기 때문에 형은 동생을, 동생은 형을 잃어버리게 되었다. 서로 말도 하지 않고 같은 방에는 절대 들어가지도 않는 사이가 되었다.

어느 날 따로따로 내게로 찾아와 형은 동생을 잃고 동생은 형을 잃은 것을 슬퍼했다. 두 사람 모두 싸울 마음은 전혀 없었다.

내가 아메리칸 클럽의 모임에 강사로 초빙되었을 때 주최자에게 두 형제를 서로 알지 못하게 파티에 초청하도록 부탁했다. 보통 때 같으면 두 사람은 얼굴을 맞대자마자 이내 헤어져 버렸겠지만 초대자의 체면도 있고 하여 두 사람 다 돌아갈 수가 없었던지 그 자리에 앉았다. 나는 인사를 끝내자 이런 탈무드의 이야기를 했다.

오래 전 이스라엘에 두 형제가 살고 있었다. 형은 결혼하여 아내와 아이들이 있었고 동생 쪽은 독신이었다. 두 사람은 모두 부지런한 농부였는데 아버지가 죽으면서 재산을 두 사람에게 나눠주었다.

수확한 사과나 옥수수를 서로 공평하게 2등분하여 저마다 곳간에다 간수했다. 밤이 되자 동생은 형수와 아이들이 있어 몹시 힘이 들 형님을 생각하여 형님 곳간에 상당한 양의 사과와 옥수수를 옮겨놓았다. 형님은 또 반대로 동생은 처자가 없으니 노후를 대비해야 한다고 생각하여 역시 옥수수와 사과를 동생 곳간으로 날랐다.

아침이 되자 잠을 깬 형제가 자기 곳간에 가보니 어제와 똑같은 양의 수확물이 거기에 쌓여 있는 게 아닌가. 다음날 밤도 그 다음날 밤도 똑같은 일이 되풀이되어, 사흘 밤 동안 계속되었다. 그 다음날, 형제가 서로 상대방의 곳간으로 곡식을 나르는 도중에 마주치고 말았다. 그래서 두 사람 다 서로를 얼마나 생각했던가를 알게 되었다. 두 사람은 들었던 농작물을 내던지고 부둥켜안은 채 울었다.

이 두 사람이 부둥켜안고 운 장소는 오늘날에도 예루살렘의 가장 고귀한 장소의 하나로 전해지고 있다.

나는 아메리칸 클럽에서 가족의 애정이 얼마나 중요한 것인가를 강조했다. 그 결과 이 두 형제의 오랜 세월에 걸친 반목도 얼음 녹듯 사라졌다.

개와 우유

어떤 집에서 개를 기르고 있었다.

그 개는 가족들과 함께 오랫동안 생활하였고 가족들은 모두 그 개를 귀여워했다. 특히 아들 가운데 하나가 더 그러했다. 그는 잠잘 때에도 자기 침대 밑에 개를 재웠으며 자신과 한 몸처럼 함께 생활했다.

그런데 어느 날 그 개가 죽었다. 아버지는 개라는 것은 언젠가는 모두 죽는 것이므로 어쩔 수 없지 않느냐고 아들을 위로했다. 그러나 아들은 자기 형제처럼 귀중하게 여겼던 충실한 친구를 잃은 것을 매우 슬퍼하며 그 개를 자기 집 뒤뜰에 묻겠다고 말했다. 물론 개와 인간이 다르다는 것은 그 아들도 알고 있었지만 개의 시체를 어딘가에 내버린다는 일은 견딜 수 없는 일이었다.

아버지가 뒤뜰에 개를 파묻는 것을 반대하여 가족 사이에서 한바탕 논쟁이 벌어졌다. 마침내 아버지는 나에게 유대의 전통에 개를 매장하는 의식이 있느냐고 의견을 물어 왔다.

나는 그 이야기를 전화로 들었을 때, 어떻게 해야 좋을지 전혀 알 수 없었다. 지금까지 여러 가지 질문을 받은 일은 있지만 개에 대해서는 처음이었다. 그러나 곧 생각이 떠오른 것은 슬퍼하고 있는 아들의 일이었다. 나는 어쨌든 그 집을 한번 방문하겠다고 약속했다. 랍비는 관례상 전화로 그런 이야기는 하지 않고 본인과 직접 만나서 이야기하는 것이 하나의 관습으로 되어 있었기 때문이다.

나는 그 집에 가기 전에 탈무드를 펼쳐, 개에 대한 전례가 있는가 연구해 보았다. 그런데 마침 탈무드 가운데 좋은 이야기가 하나 있었다.

집 안에 우유가 놓여 있었는데 뱀이 그만 그 우유 속에 빠져 죽어 버리고 말았다. 고대 이스라엘 농촌에는 많은 뱀이 있었는데 우유 속으로 빠져 버린 그 뱀은 마침 독사였기 때문에 뱀이 가지고 있던 독이 우유 속에 녹기 시작했다. 그런데 이 광경을 본 것은 개뿐이었다.

가족 중에 한 사람이 창고에서 우유를 꺼내려고 할 때 개가 맹렬히 짖기 시작했다. 개가 왜 그렇게 짖어대는지 그 이유를 아무도 몰랐다. 가족 중 한 사람이 우유를 마시려고 하자 개가 뛰어들어 우유를 엎지르고 그것을 먹었다. 그러자 그개는 곧 죽어 버렸다. 그때야 비로소 가족들은 우유 속에 독이 들어 있었음을 알게 되었다. 그래서 이 개는 그 무렵의 랍비에 의해서 칭송되었다.

나는 그 집에 가서 가족에게 그 탈무드의 이야기를 했다. 아버지의 반대는 차차 누그러지고 결국은 아들이 희망하는 대로 그가 사랑하던 개는 뒤뜰에 묻혔다.

당나귀와 다이아몬드

어떤 유대인 부인이 백화점에서 하는 세일에 다녀왔다. 그런데 돌아와서 물건을 살펴보니 양복과 외투만 들어 있어야 할 상자 속에서 자기가 사지 않았던 값비싼 보석 반지가 들어 있었다.

그녀는 아들과 단둘이 살고 있었기 때문에 생활이 그렇게 넉넉하지 않았지만 자기의 어린 아들에게 그것을 이야기하고 두 사람이 랍비한테로 의논하러 왔다. 그래서 나는 탈무드의 이야기를 했다.

어느 랍비가 나무꾼 생활로 생계를 유지하고 있었다. 그는 산에서 시내로 언제나 나무를 날랐다. 그는 오가는 시간을 될 수 있는 대로 줄여 탈무드 공부에 열중하겠다고 결심하고는 마침내 당나귀를 사기로 마음먹었다.

그리고는 시내에 사는 어느 아랍 인으로부터 당나귀를 샀다. 제자들은 랍비가 당나귀를 샀으므로 더 빠르게 마을과 시내 사이를 오갈 수 있게 된 것을 기뻐하며, 냇가에서 당나귀를 씻기기 시작했다. 그러자 당나귀의 목에서 다이아몬드가 나왔다. 제자들은 이것으로 랍비가 가난한 나무꾼 신세를 면하고 자신의 공부나 제자들을 가르칠 시간이 더 많아지게 되었다고 기뻐했다.

하지만 랍비는 곧 시내로 돌아가 아랍 상인에게 다이아몬드를 되돌려 주라고 제자에게 명했다. 그러자 제자가, "선생님께서 사신 당나귀가 아닙니까?"라고 하자 랍비는, "나는 당나귀를 산 일은 있지만, 다이아몬드를 산 일은 없다. 내가 산 것만을 갖는 게 옳지 않느냐?"고 말하며 아랍 인에게 다이아몬드를 되돌려 주었다.

그러자 아랍 인은 반대로, "당신은 이 당나귀를 샀고, 다이아몬드는 그 당나귀에 딸려 있었던 것인데, 되돌려줄 필요가 없습니다."라고 말했다. 그러자 랍비는, "유대의 전통에 따르면 산 물건 이외는 우리들이 가져서는 안 됩니다. 그러니 이것을 당신에게 돌려드립니다."라고 답했다.

아랍 상인은, "당신들의 신은 훌륭한 신임에 틀림없습니다."라고 말했다.

이 이야기를 듣고 있던 부인은 그러면 즉시 되돌려 주러 가겠지만 무어라고 말하며 돌려줄 것인가를 나에게 의논했다. 나는, "그 반지가 백화점 것인지 백화점 판매원 것인지는 알 수 없지만, 만약 왜 되돌려 주는 이유를 물으면, 내가 유대인이기 때문이라고만 대답하십시오. 아울러 되돌려줄 때에는 반드시 아들을 데리고 가십시오. 그러면 아들은 자기 어머니가 정직한 사람이라는 것을 일생 동안 잊지 않을 것입니다."라고 말했다.

벌 금 규 칙

어떤 유대인 회사에서 유대인 사원을 고용하고 있었다. 그런데 그는 회사의 공금을 가지고 도망쳐 버렸다. 유대인 사장이 화가 몹시 나 경찰에 신고하려 하자 회사 간부가 내게 찾아와, "어떻게 하면 좋을까요?"라고 의논했다. 그래서 나는 "정말 돈을 갖고 도망쳤는지 확인해보는 게 좋을 겁니다. 만약 그가 정말 도망쳤다 하더라도 경찰에 고발되어 기소되면 틀림없이 교도소에 들어가게 될 것입니다. 이것은 유대인이 취할 태도가 아닙니다."라고 말했다. 왜냐하면 그가 감옥에 들어가 버리면 회사는 돈을 돌려받을 수 없기 때문에 그를 감옥에 넣기보다는 먼저 돈을 돌려 받은 후 그것에 덧붙여 벌금을 내게 해야 할 것이라고 말했다.

돈을 갖고 도망친 유대인 사원을 찾아내 이 이야기를 하자 자기에게는 돈이 전혀 없다고 말했다. 그는 경찰에 가지 않고 내 방에서 재판을 받게 되었다. 재판장이 된 나는 감옥에 가는 대신 횡령한 돈을 일하여 갚음과 동시에 벌금을 내게 물도록 결정한 후 벌금은 자선 자금에 보태기로 했다.

유대인 사회에서, 예컨대 A라는 사람이 100만 원을 훔쳤을 경우,

랍비의 재판에 넘겨져 유죄가 되고, 벌금을 덧붙여 110만 원을 갚고 나면 A는 전과가 소멸되고 결백하게 된다. 횡령당한 쪽에서 저놈은 돈을 횡령한 놈이라고 말한다면 오히려 욕을 한 쪽이 더 나쁘게 된다.

벌금은 대체로 20퍼센트 이상인데 이것에는 엄밀한 규칙이 있다. 예를 들면 무엇을 훔쳤는가, 그것을 이용해서 돈을 벌었는가, 밤에 훔쳤는가, 낮에 훔쳤는가, 아침에 훔쳤는가 등의 여러 가지 조건에 의해서 벌금량이 달라진다.

탈무드에서는 말을 훔쳤을 경우, 벌금이 매우 많이 부과된다. 훔친 사람이 말을 사용하여 돈을 벌 수도 있을 뿐 아니라 도둑맞은 쪽은 아주 곤란을 받기 때문이다. 현대에선 말에 해당되는 것은 트럭인데 이 경우는 400퍼센트 남짓의 벌금을 물게 한다. 일반적으로 당나귀 쪽이 말보다 벌금이 적다. 이것은 말이 온순하고 훔치기 쉽기 때문이다.

훔친 사람도 그 입장이 감안된다. 굶주리고 있는 사람이라면 20퍼센트 정도로 벌금이 적어진다. 고대 이스라엘에서는 벌금이나 돈을 물게 했으나, 최악의 경우는 감옥에 넣게 되는데, 근본적으로는 감옥에 넣어서는 문제가 해결되지 않는다는 게 유대인의 사고방식이다.

아기냐 어머니냐

어떤 유대인 임산부가 난산 때문에 위독한 상태에 빠지게 되자, 나는 남편의 간청으로 한밤중에 병원에 불려가게 되었다. 임산부는 아주 출혈이 심해 괴로워하고 있었는데 이것은 부부가 처음 갖는 아이였다. 의사가 와서 어머니의 목숨은 살기가 어려우리라고 말하면서 아기의 상태도 위태롭다고 말했다. 결국 최후에는 아기를 구하느냐, 어머니를 구하느냐 하는 심각한 입장에 서게 되었다.

아버지나 어머니도 아기를 매우 바라고 있었지만 어머니는 자기가 죽더라도 아기를 살리고 싶다고 말했다. 여러 가지로 의논한 결과, 나에게 결정권이 주어졌다. 나는 먼저 내가 결정한것은 나 개인의 결정도 아니고 탈무드 또는 유대인의 전통이 내리는 결정이므로 반드시 그것에 따르겠는가를 물었다. 그러자 부부는 그것이 유대 전통이라면 받아들이겠노라고 동의했다.

그래서 나는 어머니의 목숨을 살리고 아기를 희생시키기로 결정했다. 어머니는 그것은 살인이라며 반대했다. 그러나 유대 전통에 따르면 아기는 태어나기 전까지는 생명이 없다고 생각되었다. 태아는 어머니의 일부분에 지나지 않는다. 목숨을 살리기 위해서는 몸의 일부분, 예컨대 팔을 잘라내는 일도 있을 수 있다. 유대의 전통에서는 그런 때에는 반드시 어머니를 살린다.

그곳에 가톨릭 신부가 있어, 신부는 아기를 살리고 어머니는 죽어야 한다고 말했다. 가톨릭에서는 아이를 뱃을 때 이미 새로운 생명이 생겼다고 생각한다. 가톨릭의 사고 방식에 따르면 어머니는 이미 세례를 받고 구원되었으나 아기는 아직 세례를 받지 못했다며 유대의 결정은 이상하다고 말했다. 부부는 나의 결정에 따라 어머니의 목숨을 건졌다. 그 뒤 얼마 지나지 않아 제2의 귀여운 아기가 태어났다.

불공정한 거래

어떤 남자가 내게로 찾아와서 다른 가게에서 값을 부당하게 매겨, 자기의 고객을 빼앗아 가고 있다고 호소했다. 탈무드에서는 부당경쟁에 대해서 대단히 많은 지면이 주어져 있는데 그때까지 나는 탈무드에 그러한 것이 씌어 있다는 것을 깨닫지 못하고 있었다. 어쨌든 나는 일주일 동안 시간을 얻어, 탈무드를 공부한 후 결정을 내리기로 했다. 탈무드에서는 다음과 같이 가르치고 있었다.

어떤 상품을 팔고 있는 가게 바로 이웃에 똑같은 가게를 열고 똑같은 상품을 팔아서는 안 된다. 그런데 두 개의 가게가 있어, 한 가게 쪽에서 아이들에게 경품을 붙였다. 옥수수를 튀긴 팝콘 같은 하찮은 경품이었지만, 아이들이 그 팝콘 때문에 어머니까지 데리고 와 거기서 물건을 사게 되면 의견은 여러 가지로 엇갈린다.

값을 내려 경쟁하는 것은 사는 손님의 이익이 되니 좋지 않겠는가 라는 랍비도 있다. 또 어떤 랍비는 손님을 유혹하기 위해 값을 내리거나 경품을 붙이거나 하는 것은 부당한 경쟁이라고 말했다.

그런데 대다수의 랍비의 결정에 따르면 그 경쟁은 불공정한 것이 아니다. 사는 손님이 이득을 얻는 일이면 그것으로 좋지 않겠느냐는 쪽으로 결론지어졌다.

이튿날 찾아온 남자에게 나는 이렇게 대답했다.

"훔친다는 행위는 명확히 금해져 있지만 값을 어떠한 사정으로 얼마간 내리는 것은 정당한 행위이다."

자유 경쟁의 원리에서 소비자가 이득을 본다면 그것을 바람직한 것이라고 생각한다. 내 아내는 언제나 물가가 비싸다고 불평이 대단하다.

위기를 면한 부부

결혼한 지 10년이 지난 부부가 있었다. 그들은 매우 금실이 좋은 부부여서 표면적으로 아주 행복하게 보였다. 그런데 어느 날 남편이 이혼 허가를 내게 의뢰해 왔다. 나는 그 부부를 전부터 잘 알고 있었으므로 설마 결혼 생활이 원만치 못하리라고는 생각지도 않았다.

그는 두 사람 사이에 아이가 없다는 이유로 친지들로부터 이혼하라는 강요를 들었다고 말했다. 유대의 전통에 따르면 결혼하여 10년이 지나서도 아이가 없으면 이혼할 조건이 된다.

그러나 남편도 아내도 헤어지기가 싫었다. 그들은 이 일을 진지하게 생각하고 있었다. 그러나 남편의 가족 쪽에서 매우 강력하게 나오므로 그는 어찌할 바를 몰라 내게로 찾아왔다.

다음에 두 사람이 함께 찾아왔을 때, 나는 이 부부가 서로 사랑하고 있음을 발견했다. 일반적으로 랍비는 이혼에는 언제나 반대하는 입장에 서 있다. 그것은 한번 나쁜 아내를 얻은 사람은 헤어져 다시 재혼을 하더라도 똑같은 잘못을 무의미하게 되풀이할 뿐 또다시 나쁜 아내를 얻게 된다는 것을 잘 알기 때문이다.

그는 사랑하는 아내와 이혼함에 있어, 아내에게 굴욕감을 느끼게 하고 싶지 않았으므로 될 수 있는 대로 평온하게 헤어지기를 바랐다. 그래서 나는 탈무드적 발상법을 썼다.

아내를 위해 성대한 파티를 열고 그 자리에서 몇 년 동안이나 자기와 함께 살아온 아내가 얼마나 훌륭했던가, 모든 사람 앞에서 칭찬하도록 권했다. 그는 이 충고를 반가이 받아들였다. 그 까닭은 싫다는 이유로 헤어지는 것이 아니라는 것을 명백히 하고 싶다고 생각하고 있었기 때문이다.

남편은 헤어지는 아내에게 무언가 선물하고 싶으며, 그것은 아내가 진심으로 귀중하게 계속 가질 수 있는 것을 주고 싶다고 대답했다. 그래서 나는 그에게, 파티가 끝났을 때 아내에게, "내가 갖고 있는 모든 것 가운데에서 하나만 갖고 싶은 것을 말하면 무엇이든지 그것을 주겠다."고 말하도록 권했다. 아내에게도 똑같은 말을 했다.

파티가 끝난 뒤, 내가 충고한 각본 그대로 남편은, "무엇이든 갖고 싶은 것을 하나 주겠다."고 말했다. 이튿날 내가 입회한 가운데 그녀는 헤어진 남편에게 무엇을 갖고 싶은가를 말하게 되었다.

그녀는 단 하나, 남편을 선택했다. 그리하여 두 사람은 이혼을 취소하고 그 뒤 아이를 둘이나 낳았다.

곤경에 빠진 이백만 원

어느 날 두 명의 남자가 내게로 숨을 헐떡이며 달려왔다. 두 사람의 말을 들어보니 한쪽 남자가 친구가 돈이 필요하다고 하여 많은 돈을 빌려주었다. 그런데 갚을 날짜가 되자 빌려준 쪽은 5백만 원을 빌려주었다고 하는데 빌린 쪽은 2백만 원밖에 빌리지 않았다고 주장한다는 것이다. 나는 어느 쪽이 거짓말을 하고 있는지 가려내야 했다. 그래서 먼저 두 사람을 따로따로 만나 이야기를 듣고 이번에는 두 사람을 함께 불러 세 사람이 담판을 했다. 나는 두 사람과 만나 이튿날 아침 다시 한 번 여기에 오면 그때까지 내가 결정을 내릴 것이라고 말했다.

두 사람이 돌아간 뒤 나는 여러 가지 책을 펼쳐보았다. 5백만 원 빌려주었다고 주장하는 사람과 2백만 원밖에 빌리지 않았다고 주장하는 사람이 어떤 심리 상태에 있는가를 연구했다. 물론 증서가 있으면 문제는 간단하다. 그러나 유대 사회에서는 친구들끼리 돈을 빌려주고 빌리고 할 때에는 증서를 만들지 않는 것이 관례로 되어 있다.

어쨌든 나는 2백만 원밖에 빌리지 않았다는 남자는 한 푼도 빌리지 않았다고 해도 정말은 똑같지 않나 하고 생각했다. 동시에 내게로 와서, 5백만 원을 빌려주지 않았는데도 5백만 원 빌려주었다고 주장하는 것도 수긍될 수 없다. 그런데 탈무드에는 다음과 같은 가르침이 있었다.

거짓말쟁이가 거짓말을 할 때에는 그는 철저하게 거짓말을 한다. 그러나 만약 어떤 사람이 거짓말일망정 자기에게 불리한 일을 조금이라도 말할 경우, 그가 말하는 것은 믿기 쉽다. 그에게는 아직 얼마간의 양심이 있기 때문이다.

당사자가 두 사람 모이면 거짓말하는 정도가 가볍게 된다.

그래서 나는 가설적으로 5백만 원을 기일에는 틀림없이 갚을 수 있다고 생각했다가 막상 기일이 되었는데 2백만 원밖에 없을 경우, 2백만 원밖에 빌리지 않았다고 주장할 수도 있다고 생각했다. 그러나 또 5백만 원 빌려준 쪽도 5백만 원을 빌려주었다고 잘못 기억하여 주장하고 있을지도 모른다고 생각했다.

그래서 나는 다음과 같이 말했다. 5백만 원을 당신에게 빌려준 사람은 대단히 부자이므로 별로 돈이 필요할 까닭은 없다. 만약 누군가 제3자가 이스라엘에 돌아가야 한다든가, 어떤 이유로 갑자기 돈이 필요하여 빌리러 갔을 때 당신이 돈을 완전히 갚지 않았다면 제3자에게 결코 돈을 빌려주지 않을 것이다.

유대인 사이에서 돈은 언제나 돌고 도는 것이어야 한다. 그래도 당신은 2백만 원밖에 빌리지 않았다고 주장하겠는가 하고 말하자, 그렇다고 대답했다. 그래서 다시 예배소에 가서 성경에 손을 얹고 2백만 원밖에 빌리지 않았다고 서약할 수 있겠는가라고 하자 그는 갑자기 참으로 죄송하게 되었는데 자기는 확실히 5백만 원을 빌렸노라고 실토했다.

이것은 다른 나라 사람들에게는 상상할 수도 없는 일일지 모르지만 유대인에게 있어서는 예배소에서 성경에 손을 얹고 서약한다는 것은 대단히 중요한 일이다. 성경에 손을 대고 거짓말하는 사람은 직업적인 범죄자가 아니면 있을 수 없다. 그 대신 성서라는 것은 귀중한 것이므로 그다지 중대한 일이 아니면 사용하지 않는데 성서에 손을 얹으면 99.8퍼센트의 인간은 절대로 거짓말을 하지 않는다. 그만큼 서약이라는 것을 중대한 것으로 여기고 매우 두려워하고 있다.

미국이나 유럽의 기독교 법정에서 손을 들어 서약하는 풍습도 여기에서 비롯되었다.

단 하나의 구멍

어떤 남자가 한 회사에서 근무하고 있었다. 그런데 자기는 부당한 대우를 받고 있으며, 회사에 그 불만을 털어놓을 권리가 있다고 생각하게 되었다.

"나는 경영자에게 명예를 손상당했으므로 그를 위해서 계속 일할 필요가 없게 되었다. 퇴직금이나 듬뿍 받고 그만두고 싶다"고 사의를 표했다. 그러자 경영자 쪽에서는, "그는 근무 성적이 나빠 마침 파면시키려 하던 참인데 퇴직금이라니 당치도 않다."고 한 마디로 잘라 말했다. 어느 날 그는 회사 금고에서 돈과 서류를 갖고 외국으로 도망쳤다. 어디로 갔는지 전혀 알 수가 없었다.

그런 지 1개월 뒤, 그가 외국 어떤 도시의 거리를 걷고 있는 것을 어느 사람이 발견하게 되었다.

경영자는 비행기표를 갖고 내게로 찾아와, "이걸로 그에게 가서 이야기 좀 해주십시오."라고 부탁했다. 그곳은 매우 먼 곳이었기에 나는 비행기를 타고 가기로 했다.

도착한 지 이틀이 지나서야 겨우 그를 찾아낼 수 있었다. 나를 보자 그는 깜짝 놀랐다. 돈을 갖고 도망쳤을 뿐 아니라 그 회사에 있어서는 귀중한 서류를 훔쳐갔던 것이다. 나는 그와 3일 남짓 서로 이야기를 나누고 내가 왜 여기에 왔는가를 설명했다. 여러 가지 자잘한 문제는 별도로 치고 문제의 핵심이 무엇인가를 생각했다.

왜냐하면 자잘한 것은 내게는 관심이 없었다. 그것은 법률로 처리할 수 있다. 나로서는 두 사람의 유대인의 일을 해결하는 데 중점을 두었다. 두 사람의 유대인이 서로 다투는 것과 같은 충돌은 허용되지 않는다. 나는 탈무드를 인용하여 이렇게 말했다.

"유대인은 서로 가족이며 형제이다. 우리들은 이방인과 사귀고 있으므로 유대인끼리는 평화롭게 일을 진행시키지 않으면 안 된다."

그는 자기 행동이 옳다는 것을 증명하려고 생각해서인지, "내가 하는 것은 모두 내 자유입니다!"라고 말했다. 그래서 나는, "아마 당신이 옳을지도 모른다. 그러나 자기 마음대로 하는 일은 허용되지 않는다."고 하며 탈무드의 이야기를 전했다.

많은 사람이 배를 타고 항해하고 있었다. 어떤 사나이가 자기가 앉아 있는 배 바닥에 끌로 구멍을 뚫고 있었다. 사람들이 놀라 아우성을 치자 그는, "여기는 내 자리이므로 내가 무슨 짓을 하든 상관 말라."고 태연하게 말했다. 얼마 지나자 모두 물에 가라앉아 버렸다.

한 사람의 유대인이 회사의 돈과 서류를 갖고 사라져버렸다. 주위 사람들이 뭐라고 할 것인가, 유대인이 훌륭한 사람들이라고 말할 것인가. 그렇다면 이것은 유대인의 오점이 된다.

그는 마침내 수긍하고, "당신이 옳다고 결정하는 것이라면 그것에 따르겠다."고 말하며 가지고 갔던 돈과 서류를 나에게 맡겼다.

나는 돌아와서 경영자와 만나 이야기하고 최종적인 해결을 보게 되었다. 물론 그의 변명이 옳다면 맡아 두었던 돈과 서류를 그에게 돌려주려고 생각하고 있었다. 그래서 여러 가지로 이야기한 결과, 그가 바라고 있던 만큼은 되지 않았지만 어느 정도의 퇴직금도 받게 되어 일은 원만하게 해결되었다.

개의 무리

JCC(유대 커뮤니티 센터)는 유대인 사회에서는 대단히 진귀한 사회이다. 그 까닭은 유대인 사회가 단일한 유대인종 사회가 아니기 때문이다. 러시아 계, 영국계, 프랑스 계, 이스라엘 계, 미국계 등 여러

계통의 유대인이 소단위로 작은 그룹을 이루고 있기 때문이다. 따라서 계율을 제대로 지키는 사람도 있고 지키지 않는 사람도 있으며, 또 자선심이 강한 사람도 있고 강하지 않은 사람 등등 갖가지 사람들이 있어 저마다 출신지의 국민성을 반영시키고 있어서 매우 통일성이 없는 커뮤니티가 되어 있었다.

이러한 군집 사회에서는 일종의 긴장 상태가 어쩔 수 없이 존재하게 된다. 어느 지방의 커뮤니티가 두 개의 반목하는 그룹으로 분열될 조짐을 보이고 있었다. 나는 이 두 개의 그룹에게 다음과 같은 탈무드 이야기를 했다.

한 개의 갈대는 쉽게 부러지기만 백 개의 갈대는 다발로 모으면 매우 튼튼하다. 개떼는 개만을 모아 두면 서로 싸움을 하지만 늑대가 나타나면 서로 싸움을 그친다.

유대인은 오늘날에도 안전이 보장되지 않고 아랍 인이나 러시아인, 반유대주의자들에게 둘러싸여 있으므로 서로 싸움을 피하는 것이 좋을 것이라고 이야기했다. 이 기본적인 양해 아래 오늘날에는 별로 큰 충돌 없이 서로 생활하게 되었다.

부부 싸움

미군이 주둔하고 있는 곳에는 군목으로서 랍비가 있다. 대부분의 경우 그들은 학교를 갓 졸업한 젊은 사람이었다. 따라서 그들에게 있어서는 나는 장로와 같은 입장이어서 무언가 문제가 생기면 나에게 자문을 청하거나 전화를 걸어온다.

어느 날 젊은 랍비 한 사람이 지방에서 나를 찾아왔는데, 마침 그때 한 쌍의 부부가 부부 싸움 문제로 찾아왔다. 그래서 그 부부에게 또 한 사람의 랍비와 함께 들어도 좋은지 묻고 동의를 얻었다.

부부간의 문제를 들을 때에는 두 사람을 한 자리에 앉혀 놓은 채 들으면 서로 다투기만 하므로 두 사람 이야기를 나누어 따로따로 들어야 한다. 한 사람 한 사람 나누어서 들으면 결국 서로 배우자를 아끼고 생각하고 있다는 것을 짐작할 수 있다. 인내심을 갖고 이야기를 듣고 동정심을 갖게 되면 대개의 부부간 문제는 해결되게 마련이다. 이때에도 나는 먼저 남편측의 이야기를 듣고 그가 말한 것에 모두 찬성하고 계속 수긍하면서 그의 주장을 모두 인정했다. 그러고는 아내의 이야기를 들을 차례가 되었다. 나는 그녀의 주장을 듣고 그녀가 말하는 것도 인내심과 동정심을 갖고 모두 수긍하며 당신 주장은 정말 정당한 것이라고 찬성했다.

두 사람이 나간 뒤, 그 랍비에게, "당신이라면 어떻게 결정하겠는가?"라고 물었다. 그러자 그 랍비는, "나는 전혀 납득이 되지 않습니다. 선생님께서는 남편 이야기를 들었을 때에도 전부 남편에게 수긍하고, 이번에는 아내가 들어오자 아내 이야기에 하나하나 수긍하며 아내 주장이 전부 옳다고 인정했습니다. 두 사람 다 전혀 다른 주장을 했는데도 말입니다. 어째서 두 사람의 주장이 다 옳다고 말할 수 있습니까?"라고 말했다. 그래서 나는 당신의 주장이 가장 옳다고 말했다.

그러면 이 결정을 보고 독자 여러분은 어떻게 느낄 것인가. 나를 팔방미인으로 받아들일 것인가. 여러 사람들이 어떤 문제에 저마다 다른 의견을 가지고 왔을 경우 당신이 옳다든가, 당신은 틀렸다든가 잘라서 결정해서는 안 된다. 그것은 쓸데없는 마찰을 가중시킬 뿐이다. 이때 중요한 것은 두 사람의 주장을 모두 인정해줌으로써 그들이 서로가 냉정해져서 서서히 화해의 실마리를 찾아내도록 해야 한다.

진실과 허위

많은 사람들이 나에게 여러 가지 문제를 들고 와서 그것을 해결해 달라고 부탁한다. 이와 같은 문제의 수는 백만 건이나 되는데도 한 가지도 똑같은 문제는 없다. 단 한 가지 공통되는 점은, 누가 거짓말을 하고 있는지, 그리고 그것을 어떤 방법으로 가려내면 좋은가 하는 문제였다. 무엇이 진실이며 무엇이 거짓이라는 것을 가려내는 일은 대단히 어렵다. 탈무드에서는 이 두 가지를 가려내는 법을 다음과 같이 가르치고 있다.

솔로몬 왕은 매우 현명한 사람으로 알려져 있었다. 어느 날 두 여자가 한 아이를 데리고 와서 서로 자기 아이라고 다투며 솔로몬 왕에게 재판을 청해왔다.(유대의 왕은 무사나 정치가가 아니고 역시 랍비이다.)

솔로몬 왕은 여러 가지로 사실을 조사해 보았지만 자기도 어느 쪽의 아이인지 알 수 없었다. 유대인의 경우 소유물이 어느 쪽에 속하는가 알 수 없을 때에는 공평하게 둘로 나누는 것이 통상의 관례였다. 그래서 솔로몬 왕은 이 이야기를 칼로 두 토막으로 자르도록 명했다.

그러자 한쪽 어머니는 갑자기 미친 듯이 울부짖으며, 그렇게 하려거든 차라리 그 아이를 저쪽 여자에게 넘겨주라고 외쳤다.

그 광경을 보고 솔로몬 왕은, "너야말로 진짜 어머니다."라고 말하며 아이를 넘겨 주었다.

부부에게 두 아이가 있었다. 둘 다 사내아이였는데, 한쪽 아이는 여자가 딴 남자와 불의의 관계를 맺어 태어난 아이였다. 남편은 어느 날 아내가 어떤 사람에게, 두 아이 가운데 하나는 아버지가 다른 아이라는 이야기를 하고 있는 것을 듣게 되었다. 그러나 남편은 어느 쪽이 자기 아이인지 가려낼 수가 없었다.

그 뒤 남편이 큰 병에 걸렸다. 그는 죽음을 예측하고 유서를 써서 자기의 혈통을 이어받은 아들 쪽에 모든 재산을 주겠다고 말했다.

그가 죽자 그 유서는 랍비에게 전해졌고, 랍비는 죽은 아버지의 혈통을 이은 아이를 가려내지 않으면 안 되게 되었다. 랍비는 두 아들을 불러 아버지의 무덤에 가서 무덤을 모욕하는 뜻으로 힘껏 막대기로 무덤을 치라고 명했다. 그러자 한 아들은, "나는 도저히 아버지의 무덤을 모욕할 수 없습니다."라고 울었다. 랍비는 그 무덤을 치지 못했던 쪽이 진짜 아들임에 틀림없다는 판단을 내렸다.

새로운 약

나의 친구 한 사람이 중병에 걸렸는데, 어떤 새로운 약을 쓰지 않으면 살아날 수 없는 사태까지 이르게 되었다. 그런데 그 약은 좀처럼 구하기 힘든 것이었다. 왜냐하면 수요가 너무 많아 생산이 따르지 못했기 때문이었다. 그래서 그 가족이 내게로 와서, 당신은 교수라든가 훌륭한 의사들을 많이 알고 있으나 어떻게 하든 그 약을 구해줄 수 없겠느냐고 부탁했다. 나는 몇 사람의 의사에게 이야기해서 친구를 살려줄 수 없겠느냐고 간청했다.

의사는, "만약 그 약을 당신 친구에게 주게 되면 구하지 못한 사람이 다른 사람이 생긴다. 그 때문에 구하지 못한 사람은 죽을지 모른다. 그렇게 해서라도 당신은 기어코 내게 약을 부탁하겠는가?"라고 말했다. 그래서 나는 잠깐 생각할 여유를 달라고 해서 탈무드를 펼쳐 보았다.

어떤 사람을 죽이면 자기 목숨이 살아날 경우 어떻게 하는가? 만약 그 사람을 자기가 죽이지 않으면 자기가 죽게 되는 경우 어떻게 하겠는가?

자기 목숨을 구하기 위해 다른 사람을 죽여서는 안 된다. 어떻게 자기 피가 상대방 피보다 붉다고 말할 수 있는가. 어떤 인간의 피도 다른 인간의 피보다 더 붉다고 할 수 없다.

이것을 내 경우와 비교해보면, 내 친구의 피 쪽이 그 약을 구하지

못했기 때문에 죽을지도 모를 어떤 사람의 피보다 붉다고는 말할
수 없었다. 그래서 나는 그것을 친구 가족에게 어떻게 설명해야 할
지 아주 난처했다. 내 교구 사람의 목숨이 위태롭게 되어, 그 가족이
일부러 내게 도움을 청했는데도 탈무드에 따르면, 나는 그 친구의
죽음을 가만히 보고만 있어야 한다. 하지만 나는 약을 구하지 않기
로 했다. 그 결과 나의 친구는 죽고 말았다.

세 경영자

두 사람의 공동 경영자가 있었다. 빈손으로 출발하여 작은 임대
빌딩을 만들고 현재는 누구나 인정하는 사업가로서 성공한 사람이
되었다. 두 사람 모두 경험은 없었지만 매우 부지런했기 때문에 기
업은 점점 발전하여 대단한 성공을 거두게 되었다.

어느 날 갑자기 그들은 자기들이 놀랍게 성공했다는 사실을 새삼
스레 인식했다. 그러나 두 사람의 공동 경영자 사이에는 아무런 계
약도 없었기 때문에 두 사람이 건강할 때는 문제가 없지만 아이들
대에 이르러 충돌할 것을 방지하기 위해 계약을 맺기로 했다.

그런데 일단 계약이 끝나자 이 두 사람은 사사건건 맞서게 되었
다. 사실 처음 계약을 맺을 때에도 의견 충돌은 있었다. 그것은 너
는 공장 책임자이고 나는 본사 책임자라는 따위의 하찮은 것까지
규정하려고 했으므로 서로 상대가 자기보다 유리한 조건을 취하려
하고 있다고 생각했기 때문이다.

사업을 시작하여 성공하기까지 그동안 두 사람 사이에는 아무런 충돌도 없었기 때문에 두 사람은 함께 나에게 해결책을 요청해 왔다. 이것은 어느 쪽이 옳고 어느 쪽이 그르다는 문제가 아닌 만큼 나로서도 간단히 결론을 내리지 못했다.

한 사람은 영업분야이고 또 한 사람은 생산을 담당하고 있었는데 서로 "내가 없었더라면 이 회사는 없었을 것이다."라고 다투고 있었다.

나는 자신은 없었지만 다음과 같은 대답을 했다.

"두 사람이 다투기 전까지는 사업은 아주 잘 되어 갔다. 이제 와서 두 사람이 서로 반목하여 회사가 무너지다니 어리석은 짓이다."

이대로는 순조롭게 사업을 계속해갈 수 없을 것이다. 무언가 해결책을 찾지 않으면 안 된다. 나는 탈무드를 펼쳐보고 다음과 같은 간단한 말을 찾아냈다.

아이가 태어나는 것은 그 아이의 아버지와 어머니와 하나님에 의해서 생명이 주어졌기 때문이다. 성장함에 따라서 그 아이에게는 또 한 사람의 생명을 주는 자가 더해지는데, 그것은 교사이다.

내가 "당신 회사의 경영자는 누구와 누구인가?"라고 두 사람에게 묻자 두 사람이라고 말했다. 그래서 나는 말했다.

"그렇다면 하나님도 경영진에 참가시키면 어떤가? 어쨌든 전 우주에 하나님은 참가하고 계신다. 서로 자기 쪽이 잘했다고 주장하지 말고 모든 우주의 활동은 하나님의 행위이므로 하나님을 그 가운데에 넣어도 되지 않겠는가?"

그때까지는 두 사람이 대표자로 되어 있었기 때문에 이 회사에는 사장이 없었다. 그러나 서로 사장이 되고 싶어했다. 그래서 나는, 이런 도움말을 해주었다.

"당신들의 회사인 것은 물론이지만 동시에 하나님의 회사이기도 하다. 당신들은 유대인을 위해 일하고 있고 당신들의 회사는 이 나라를 위해서도 일하고 있으므로 자기 것이라는 의식을 너무 강하게 갖지 말고 자신의 임무를 다하고 있는 것이라고 생각한다면 어느 쪽이 사장이 되건 신경쓸 일이 아님을 깨닫게 될 것이다. 영업 담당은 영업을 하고 공장 담당자는 공장을 맡도록 하면 된다."

그 이후 이 회사는 더욱 발전해 가고 있다. 자선사업을 위해 몇 퍼센트의 돈을 내놓게 되고 그것이 하나의 목표가 되었기 때문에 누가 사장이라는 문제는 자연히 해결되었고 수익은 높아 갔다.

보트 구멍

어느 국가에서나 종종 종업원을 해고시키는 경우가 있는데 이것만큼 언짢은 일은 없으며 때로는 이것이 큰 사회문제로 발전하는 일도 있다.

어떤 유대인 회사에서 많은 유대인 종업원을 고용하고 있었다. 이 경우 유대인 종업원을 해고시키기는 매우 어렵다. 그 까닭은 유대인에게는 그에게 아내와 아이들이 있을 뿐만 아니라 특히 유대인의 경우에는 다른 직업을 좀처럼 얻기 힘들기 때문이다. 외국인으로서 외국에 살기는 특히 어렵다. 외국인의 인구수는 적고 또 다른 나라로 옮기거나 모국에 돌아가려 해도 이것 역시 돈이 많이 든다. 그러므로 어떤 이유가 있든 유대인 종업원의 해고 문제는 극히 어렵다.

그래서 나는 언제나 종업원이 해고되지 않도록 애쓰고 있다. 만약 그 남자가 직업을 잃으면 자기 가족으로부터 위신을 잃게 되고 비참하게 될 뿐만 아니라 그러한 경우에는 유대인 사회가 공동으로 그를 부양하게 되므로 유대인 사회 모두의 부담이 되기 때문이다. 거기다 본래부터 유대인은 동정심이 많으므로 실제로 사람을 해고시키는 일은 극히 드물다.

그러나 어느 날 드문 경우가 발생했다. 어떤 고용주가 내게 의논하러 와서 말했다.

"한 사람의 종업원을 감원시켜야 하겠는데 그는 내가 해고 시키지 않더라도, 어느 때 누가 하든지 해고시키지 않을 수 없는 사람입니다. 그냥 여기서 그대로 계속 일을 시켜 보았자 아무것도 할 수 없는 바보 같은 녀석이니 딴 직장에 가서도 마찬가지일 것입니다. 그러나 맘속으로는 사실 그를 해고시키고 싶지 않습니다. 내 스스로 무언가 그를 해고시키지 않아도 될 구실이 없는지, 랍비인 당신에게서 듣고 싶습니다."

그래서 나는 탈무드에서 인용한 한 이야기를 했다.

어떤 사나이가 작은 보트를 갖고 있었다. 그는 여름이면 그 보트에 가족을 태우고 호수로 나가 낚시를 하면서 시간을 보냈다.

여름이 지나 배를 보관해 두려고 육지에 올렸을 때 배 바닥에 작은 구멍이나 있는 것을 보았으나 어쨌든 겨울 동안은 육지에 올려두었다가 내년 여름에 다시 보트를 사용할 때 고치면 되리라 생각해서, 그대로 놓아두었다. 그리고 겨울 동안 그는 보트에 색칠을 다시 했다.

다음 해 봄은 일찍 찾아왔다. 그의 두 아이들은 즉시 보트를 저어 호수에 나가려고 했다. 그는 배에 구멍이 뚫려 있는 것을 까맣게 잊어 버리고 아이들이 호수에 배 띄우는 것을 허락했다.

두 시간 남짓 지난 뒤, 그는 배에 구멍이 뚫려 있지 않았나 하는 기억이 순간적으로 되살아났다. 아이들은 별로 헤엄을 잘 치지 못했다.

그는 당황하여 누군가 사람들에게 도움을 받으려고 뛰쳐나갔다가 두 아이들이 배를 끌고 돌아오는 것과 마주쳤다. 그는 두 아이를 끌어안고 배를 살펴보았다. 그는 누군가가 배에 나 있던 구멍을 고쳐놓은 것을 발견했다.

그는 페인트공이 틀림없이 고쳐준 것이라 생각하고 선물을 갖고 페인트공에게 답례하러 갔다.

그러자 페인트공은, "배를 칠한 삯은 이미 받았는데 어째서 이런 선물을 주십니까?"라고 말했다.

그러자 그는 이렇게 말하며 감사해했다.

"배에 작은 구멍이 뚫려 있는 것을 당신이 고쳐주지 않았습니까? 올해 배를 다시 사용하기 전에 이것을 고치려고 생각했지만 그것을 까맣게 잊고 있었습니다. 당신은 내가 구멍을 막아 달라고 부탁하

지 않았는데도 말끔히 고쳐주었습니다. 당신이 몇 분 걸려서 고쳐
준 덕택에 우리 아이들의 생명을 구할 수 있었습니다."

아무리 작은 일이라도 그것이 어떤 사람에게는 얼마나 크게 작용
될지 모른다는 것을 보통 사람들은 좀처럼 알지 못한다.
나는 고용주에게 이렇게 이야기하고 다시 한 번만 그에게 기회를
주도록 부탁했다.

축복의 말

나와 의사와 환자 세 사람이 어떤 병실에서 함께 있던 적이 있었
다. 환자는 내출혈로 매우 괴로워하고 있었다. 주위는 지독한 냄새
로 가득 차 있었고 환자는 의식불명이었다. 의사는 그의 목숨을 살
리려고 무척 애를 썼다. 대량의 수혈이 행해졌으나, 수혈이 멈추면
그는 죽게 될 상태여서 의사는 절망적인 얼굴을 했다.
의사는 나에게, "도대체 당신은 지금 무엇을 생각하고 계십니
까?"라고 물었다. 그래서 나는, "지금 나는 생사에 대해서 생각하고
있지 않습니다. 그저 가느다란 핏줄이 귀중하고 붉은 액체를 흘려
냄으로써 사람이 위태롭다는 것을 생각하고 있습니다."라고 말했
다.
마침내 수혈이 멈춰지고 그는 죽었다. 의사는 아주 지쳐 버린 끝
에 나에게 구원을 청했다.

그래서 나는 의사에게 탈무드의 이야기를 했다.

유대인은 임금님과 만나거나, 식사를 하거나, 해돋이를 보거나, 언제나 축복의 말만 한다. 예컨대 화장실에 갈 때에도 축복의 말이 있다.

그러자 의사는, "당신은 화장실에 갈 때 뭐라고 말합니까?"라고 물었다. 그래서 "몸은 뼈나 살 이외에 여러 가지 부분으로 이루어져 있다. 그러나 몸속에 갇혀 있어야 할 것은 갇혀 있고 열려져 있어야 할 것은 열려 있어야 한다. 이것이 거꾸로 되면 아주 곤란하므로 열릴 것은 열리고 닫힐 것은 닫혀 달라고 기도합니다."라고 말했다.

그러자 의사는, "그 기도의 문구는 해부학에 정통하고 있는 사람의 말과 똑같습니다."라고 말했다.

위생 관념

탈무드의 가르침에 따르면 유대인은 보건 위생에 대한 관념이 대단히 엄격하다. 다음은 그 몇 가지 가르침이다.

1. 컵의 물을 마실 때에는 사용하기 전에 헹구고 사용한 뒤에도 다시 헹구어라.

2. 자기가 사용한 컵을 씻지 않고 남에게 건네서는 안 된다.

3. 안약을 넣는 것보다 아침저녁 물로 씻는 게 낫다.

4. 의사가 없는 곳에 살지 말라.

5. 화장실에 가고 싶을 때에는 한 시간도 참지 말라.

왜 울어?

어느 나라의 수도에 살고 있는 유대인으로 매우 평판이 좋고 자존심이 강하며 예의바른 남자가 있었다. 그러나 그는 유대인 사회에서는 전혀 활동을 하고 싶지 않았다.

나는 어느 날 호텔에서 그와 함께 식사를 했다. 유대인 사이에서는 장사하는 사람과 만나면, "당신 일은 어떻습니까? 잘 됩니까?" 라는 인사말을 하고 랍비에게 "무언가 재미있는 책을 읽었습니까?" 라든가, "요사이 무언가 재미있는 일을 생각해냈습니까?" 라는 투로 묻는 관습이 있다. 배우는 것을 직업으로 하는 랍비는 늘 무언가를 이야기할 수 있도록 주머니 속에 여러 가지 이야기를 간직해 놓고 있는 법이다.

과연 그는 최근에 재미있는 책을 읽었느냐고 물었다. 그래서 나는, "최근 탈무드에서 아주 재미있는 이야기를 찾아냈소. 당신도 탈무드를 배울 때에는 그 부분을 읽으시면 어떻겠습니까?" 라고 말하며 이야기를 해주었다.

매우 위대한 랍비 한 사람이 있었다. 그는 사람들로부터 숭배를 받았다. 또한 그는 마음이 자상함과 동시에, 하나님을 대단히 깊이 공경하고 있었다. 개미 한 마리 밟지 않도록 조심해서 걸었고 하나님이 만든 물건을 깨뜨리지 않도록 신중하게 생활하고 있었다. 물론 제자들로부터도 존경받고 있었다.

80살이 되자 그의 육체는 쇠퇴해져 가는 것이 보이고 갑자기 나이를 먹은 듯 늙어 버렸다. 그도 그것을 깨닫고 자기에게 죽음이 임박했음을 알았다. 어느 날 높은 제자가 머리맡에 모였을 때 그는 울기 시작했다.

제자들은, "왜 우십니까?"라고 물었다. "선생님께서 공부할 것을 한 시도 잊은 날이 있었습니까? 무심히 가르친 적이 하루라도 있었습니까? 자신을 베풀지 않았던 날이 하루라도 있었습니까? 선생님께서는 이 나라에서 가장 존경받고 있는 사람입니다. 하나님을 가장 깊이 공경하고 있었던 것도 선생님입니다. 게다가 선생님은 정치와 같은 더러운 세계에는 한 번도 발을 들여놓은 일이 없으니 선생님이 울 만한 일은 아무것도 없을 것입니다."라고 말했다.

그러자 랍비는 이렇게 말했다.

"그렇기 때문에 나는 울고 있다. 나는 죽는 순간에 자신에게 너는 공부했는가? 너는 하나님께 기도했는가? 너는 자선을 베풀었는가? 너는 올바른 행동을 해왔는가라고 물으면 전부 '예'라고 말할 수 있다. 그러나 당신은 평범한 인간 생활에 어울려본 적이 있는가라고 물으면 '아니오'라고 밖에 대답 못 한다. 그래서 나는 울고 있다."

나는 성공했으면서도 유대인 사회에 얼굴을 내밀지 않으려고 하는 이 유대인에게, 이 탈무드의 이야기를 해서 당신도 유대인 사회의 생활에 참여하는 것이 좋지 않은가 하고 권유했다.

어떤 농부

자선 행위로 돈을 어딘가에 기부하면 사람들은 일반적으로 자기의 돈을 잃었다고 생각하기 쉬운데 실제로는 그렇지 않다. 실제로 그 돈을 기부하게 되면 그만큼 들어오게 되어 있다. 여러분들이 자선 사업에 돈을 쓰면 쓸수록 돈은 다시 여러분 쪽으로 돌아온다는 이야기를 할 때 나는 다음과 같은 탈무드의 이야기를 인용한다.

어느 곳에 큰 농장이 있었다. 그 주인은 예루살렘 근처에서 가장 자선 사업을 많이 하는 사람으로 칭송되고 있었다. 해마다 랍비들이 그의 집을 방문하면 그는 아낌없이 자선을 베풀었다.

그는 큰 농장을 경영하고 있었는데 어느 해 폭풍우로 과수원이 몽땅 망가지고 전염병까지 퍼졌기 때문에 그가 키우고 있던 양이나 소나 말도 모두 죽었다. 이것을 본 채권자들이 그에게 몰려가 재산을 전부 차압해 버려서 그에게는 조그만 땅밖에 남지 않았다.

그러나 그는, "하나님이 주시고 하나님이 다시 거둬 가신 것이니 할 수 없지 않은가!"라고 태연자약했다.

그 해에도 언제나처럼 랍비가 찾아왔다. 랍비들은 전에는 그렇게 재산을 많이 갖고 있었는데, 이렇게 몰락해 버렸다고 하며 그들을 동정했다. 농장주의 아내는 남편에게, "우리들은 언제나 학교에 그만큼 헌금했는데 올해는 아무것도 드리지 못한다면 대단히 부끄러운 일이 될 것입니다."라고 말했다. 부부는 랍비들이 빈손으로 돌아가게 할 수는 없다고 생각했다.

그래서 마지막으로 남아 있는 작은 땅의 반을 팔아 그것을 랍비들에게 헌금하고 그 대신 남아 있는 땅으로 더욱 부지런히 일해서 메우려 생각했다. 랍비들은 뜻밖의 헌금을 얻고는 매우 놀랐다.

반만 남아 있던 땅을 일구다 농사에 사용하고 있던 소가 쓰러져 버렸다. 그런데 흙탕에 빠져 있던 소를 끌어내다 보니 소의 발밑에서 보물이 나왔다. 그래서 그 보물을 내다 팔아 다시 옛날처럼 농장을 경영할 수가 있었다.

이듬해 다시 랍비들이 돌아왔다. 랍비는 아직도 그 농부가 가난한 생활을 계속하고 있는 것으로 알고, 조그만 옛날의 땅으로 찾아갔다. 그런데 그의 이웃 사람들이, "아니 그는 이제 여기에 살고 있지 않습니다. 저쪽의 큰 집에서 살고 있습니다."라고 안내해 주었다. 랍비들이 그곳을 찾아가자 농장주는 1년 동안에 자기에게 일어났던 일을 설명하고 아낌없이 자선을 베풀면 그것이 반드시 되돌아온다고 말했다.

나는 헌금을 모금하기 위해, 이 이야기를 더욱 자세하게 몇 번이나 되풀이해서 말했다. 그 결과는 언제나 성공하고 있다.

살아 있는 바다

유대인은 온 세계 민족 가운데에서 가장 자선을 중요시하는 민족일 것이다. 그럼에도 불구하고, 오늘날에도 유대인 가운데에는 자선

행위를 행하라고 권하든가, 또 타인에게 강요받지 않으면 자선을 하지 않는 사람도 있다. 그런 때 나는 다음과 같은 이야기를 한다.

이스라엘 요단강 가까이에 두 개의 큰 호수가 있다. 하나는 사해이고 또 하나는 히브리 어로 살아 있는 바다라고 불리는 호수이다. 사해는 딴 곳에서 물이 들어오지만 아무 데로도 나가지 않는다. 한편 살아 있는 바다는 물이 들어오는 대신 또 물이 나간다.

중국과 사자

나는 어느 때 중국에서 일본으로 온 유대인과 대화를 나눈 일이 있었다. 대개 이러한 유대인들은 중국 편에서 일본을 싫어한다든가, 일본 편에서 중국을 싫어한다든가 중국이나 일본을 다 싫어한다든가, 중국도 일본도 좋아한다든가 여러 가지 타입의 사람이 있게 마련인데, 이 유대인은 전쟁 중에 일본이 상해를 점령했을 때 유대인을 학대했다고 하여 일본에 대해 별로 호감을 가지고 있지 않았다.

일본이 상해를 점령하고 있을 때 유대인은 특별 거주 구역이 지정되어 그곳에서 일본 경비병에 의해 감시당하고 있었다. 유대인은 자주 구타당하고 전염병이 발생하여 많은 사람이 죽거나 식량 사정이 나빴기 때문에 전쟁 중 상당히 괴로운 추억을 갖고 있는 사람들이 많았다.

그래서 나는, "유럽에서 약 육백만 명의 유대인이 학살되었습니다. 전쟁 중에 유럽에 있었던 유대인만큼 비참한 사람들도 없었죠. 1970년 현재 당신은 일본에서 나에게 상해 시절의 괴로웠던 이 이야기를 하고 있는데 이것은 당신이 살아 있는 증거가 아닙니까? 탈무드에서는 이런 이야기가 있습니다."라고 하며 뼈가 목구멍에 걸린 사자 이야기를 했다.

사자의 목구멍에 뼈가 걸렸다. 누구라도 자기 목구멍에 뼈를 꺼낼 수 있는 자에게 큰 상을 주겠다고 사자가 말했다. 그러자 한 마리의 학이 날아와 그 사자를 살려 주겠다고 말하며 사자의 입을 크게 벌리게 했다. 학은 머리를 사자의 입 속에 들이밀고 긴 주둥이를 이용하여 뼈를 쉽게 꺼냈다.

그리고 난 뒤, "사자님! 당신은 어떤 상을 저에게 주실 겁니까?"라고 말했다. 사자는 그 학이 묻는 말투에 화가 났다. 사자는, "내 입안에 머리를 넣고도 살아나올 수 있었다는 것이 바로 상이다. 그렇게 위험한 지경이 되어서도 살아서 돌아갔다는 게 자랑이 될 것이니 그 이상의 상은 없다."라고 말했다.

중국에서 혹독한 고통을 받았다고 해서 그런 것을 구실로 불만을 터뜨려서는 안 된다는 것이 나의 결론이었다.

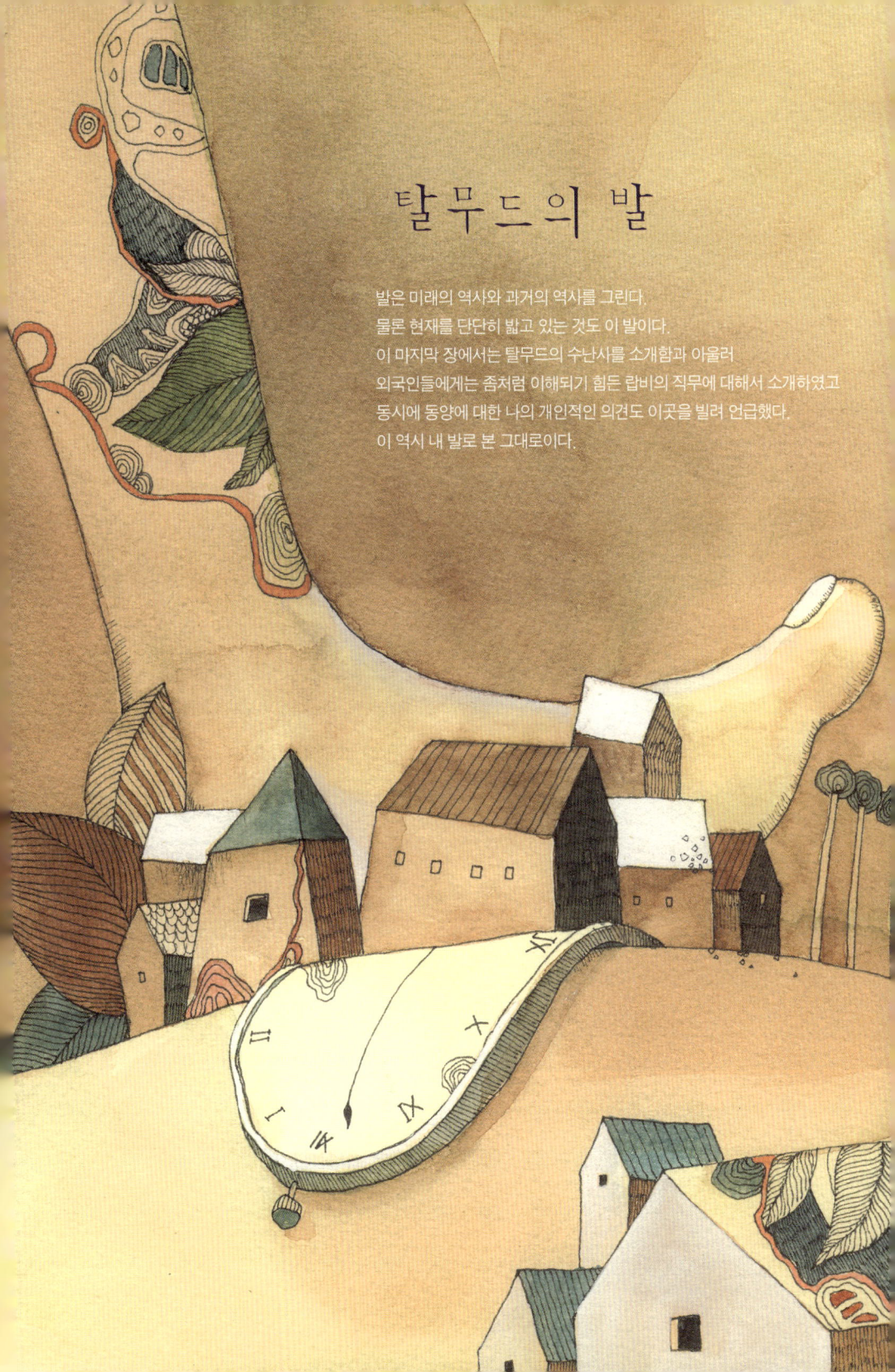

탈무드의 발

발은 미래의 역사와 과거의 역사를 그린다.
물론 현재를 단단히 밟고 있는 것도 이 발이다.
이 마지막 장에서는 탈무드의 수난사를 소개함과 아울러
외국인들에게는 좀처럼 이해되기 힘든 랍비의 직무에 대해서 소개하였고
동시에 동양에 대한 나의 개인적인 의견도 이곳을 빌려 언급했다.
이 역시 내 발로 본 그대로이다.

탈무드의 수난

탈무드는 바빌로니아에서 서기 500년에 엮어지기 시작했다. 1334년에 손으로 씌어진 탈무드가 현존하고 있는 가장 오래된 것이다. 활자로 처음 인쇄된 것은 1520년 베네치아에서이다.

1244년에 파리에 있던 모든 탈무드는 기독교도에 의해 몰수되어 24대의 짐수레와 함께 불타고 있었다. 1263년에는 기독교회 대표자와 유대측 대표자가 모인 공개석상에서 탈무드가 기독교에 반대되는 것인지 아닌지 토론이 펼쳐졌다. 그 결과 1415년에 이르러 유대인이 탈무드를 읽는 것이 법령으로 금지되었다. 1520년에 로마에서 모든 탈무드가 압수되어 불태워졌다.

그러나 이와 같은 짓을 한 사람들은 탈무드를 전혀 읽어보지도 않았다. 탈무드를 모르면 모를수록 이것을 더욱 혐오했던 것이다.

1562년에는 교회가 검열을 하여 탈무드를 삭제하거나 찢어내거나 했기 때문에 오늘날 남아 있는 탈무드는 완전한 것이 아니다.

어느 날 탈무드를 자료화하기 위해 마이크로필름으로 찍고 있을 때 페이지와 페이지 사이에서 다른 페이지가 발견되었다. 이렇게 우연히 몇백 년 동안이나 잊혀져 있던 탈무드가 발견되는 일도 있었다. 따라서 탈무드를 읽고 있을 때 갑자기 중도에서 이야기의 연결이 되지 않는 곳이 있기도 하다. 그곳은 5분의 1이나 6분의 1을 가톨릭 교회가 삭제한 곳이다.

왜냐하면 그리스도를 비판했다고 생각되는 부분, 또는 비유대인에 대해 씌어진 부분은 모두 삭제했기 때문이다.

현재 탈무드는 수십 개 국어로 번역되어 탈무드에 대한 관심은 세계적으로 대단히 높아지고 있다.

탈무드는 하나의 연구서이다. 유대인에게 있어 공부한다는 것은 인생 최대의 목적이다. 유대인을 조금이라도 이해하려 한다면 탈무드가 유대인에게 얼마나 중요한 것인가를 알아야 한다. 신의 뜻을 행하는 것은 유대인에게 가장 중요한일이었으므로 탈무드를 공부하지 않으면 살아갈 수가 없었다.

그러나 탈무드 공부는 지적인 연구는 아니다. 이것은 종교적인 연구이다. 신을 찬미하는 최대의 행위는 유대인으로서는 당연히 공부하는 것이다. "공부는 올바른 행동을 만든다."고 하는 것이 유대의 오랜 격언이다.

고대 유대에서는 도시나 마을은 그곳에 있는 학교 이름에 의해 알려져 있었다. 예배소는 공부하는 장소였다. 로마 인은 비유대화하기 위해 탈무드 연구를 엄격히 금했다.

하지만 유대인에게서 배우는 것을 박탈해 버리면 유대인은 더 이상 유대인이 아닌 것이다. 이 연구를 지키기 위해 많은 유대인이 죽어갔다. 그러나 지식은 모든 것을 이긴다.

나는 유대인으로서 아침에 일하러 나가기 전에 5시쯤 일어나 탈무드를 공부하는 사람을 많이 보아 왔다. 점심 식사 때나 저녁 식사 뒤에 또 버스나 지하철을 타도 유대인은 공부한다. 또 안식일에는 몇 시간이고 탈무드를 공부한다.

탈무드는 전부 합쳐 20권이 있는데, 1권을 끝냈다는 것은 유대인에게 대단한 경사이며 친척이나 친한 친구를 모두 초대하여 성대한 잔치를 벌인다.

유대인은 로마 교황과 같은 최고 권위자는 없다. 유대인이 가장 의지하는 것은 탈무드이다. 탈무드를 얼마만큼 공부했는가 하는 것만이 권위를 측정하는 척도가 된다.

그 탈무드의 지식을 가장 많이 갖고 있는 사람이 랍비이며, 그 때문에 랍비는 권위가 있다고 생각되고 있다.

내 용

탈무드는 6부로 나뉘어져 있다. 1부는 농업, 2부는 제사, 3부는 여자, 4부는 사원, 5부는 순결과 불순, 6부는 민법과 형법이다.

탈무드의 권위에는 규칙이 있다. 미시 미시나라는 부분에서 시작한다. 미시나는 유대의 오랜 가르침, 오랜 약속 등이 입으로 전해진 부분이다. 이 미시나 부분은 기원후 20년에야 모아졌다.

500그램 남짓의 아주 가벼운 책이다. 여기에는 다른 의견이란 아무 것도 없다. 이 미시나를 둘러싼 방대한 의견이나 토론이 탈무드이다. 이 토론은 반드시 둘로 나뉘어져 있는데, 하나는 하라카라고 불리는 의론이며 또 하나는 아가타라고 불리는 의론이다.

유대인은 세계에서 가장 종교의 계율을 엄하게 지키고 독실한 사람들이라고 자주 칭송되는데 유대인의 언어 가운데 종교라는 말은 존재하지 않는다. 그 까닭은 유대인의 생활 자체가 종교이기 때문이다. 특히 종교만을 빼내 종교라는 말을 사용하지 않기 때문이다.

하라카는 유대적인 생활 양식이라고 할 수 있는 것으로, 인간의 모든 행동을 거룩한 것으로 승화시키려고 하는 것이다. 제사 · 건강 · 예술 · 식사 · 회화 · 언어 · 대인 관계 등, 생활을 다스리는 모든 것이 이 하라카에 의하지 않으면 안 된다. 기독교도는 그리스도를 믿음으로써 기독교도가 되는데 유대인은 그러한 일은 없다. 행동만이 유대인을 유대인으로 만든다.

아가타는 탈무드의 3분의 1을 차지하고 있다. 이것은 철학 · 신학 · 역사 · 도덕 · 시 · 속담 · 성서의 해설 · 과학 · 의학 · 수학 · 천문학 · 심리학 · 형이상학 등 인간의 모든 지혜를 포함한 것이다.

랍비라는 직업

지난날 로마 인이 유대인을 지배하고 있던 무렵 그들은 유대인을 멸망시키려고 여러 가지 방법을 생각해냈다. 어떤 때에는 유대인 학교를 폐쇄시키고 예배를 금하고 책을 불태우고 유대인의 여러 가지 축제일을 금지하고 랍비를 교육하는 것을 금한 일도 있었다. 랍비가 교육을 끝내면 보통 학교의 졸업식에 해당되는 랍비의 임명식이 있는데, 로마는 만약 유대인으로 랍비의 임명식에 나온 자는 임명한 사람이나 임명받은 사람 모두를 사형에 처하고 그런 일이 일어난 도시는 멸망시킨다고 포고했다. 이것은 로마가 그때까지 행한 탄압 수단 가운데에서 가장 현명한 조치였다. 그 까닭은 도시를 불태우거나 멸망시켜 버리는 위험을 범한 랍비는 대단한 책임이 돌아갈 뿐만 아니라 물론 우리 나라처럼 랍비가 없어도 잘 되어 가는 사회도 있지만 유대 사회에 있어 랍비가 없어진다는 것은 유대 사회가 완전히 기능을 잃게 되는 것이 되기 때문이다.

랍비는 정신적인 지도자이며 변호사이며 의사이며 유대인에 있어서 모든 권위를 대표하고 있다. 로마 인도 그것을 충분히 알고 있었으므로 그와 같은 조치를 취했다고 생각된다.

어떤 랍비가 로마 인의 이런 책략을 꿰뚫어보고 그가 가장 사랑하는 5명의 제자를 데리고 도시를 빠져나가 두 산 사이의 무인 지대에 들어갔다. 그것은 만약 그곳에서 붙들려 처벌을 받더라도 도시가 함께 불태워지지 않으리라는 생각에서였다. 그는 가장 가까운 도시로부터 2마일 남짓 떨어진 장소에 있었다. 거기에서 그는 5명의 제자를 랍비로 임명했다. 그러나 그들은 로마 인에게 발각되었다.

제자들은, "랍비여! 당신은 어떻게 하겠습니까?"라고 말했다. 그러자 "나는 이만큼 나이를 먹었으니 괜찮지만, 너희들은 랍비의 일을 계속하기 위해서 빨리 도망쳐라!"고 명령했다. 5명의 제자들은 재빨리 도망쳤다. 늙은 랍비는 붙잡혀 300번이나 칼로 난자당하는 가혹한 형벌을 받고 죽었다.

내가 이 이야기를 하는 이유는 랍비가 유대인 사회에서 얼마나 중요한가를 보이기 위해서이다. 일종의 상징이라고 생각해도 좋다.

탈무드가 얼마나 중요한 지위를 차지하고 있는가를 이해하지 않고 유대 문화를 이해할 수는 없다. 원칙적으로 모든 유대인은 탈무드의 모든 것에 통하고 탈무드에 담겨진 가르침과 탈무드의 이치를 맞추려는 조화를 마스터하지 않으면 안 된다. 매일 유대인은 일정한 시간을 공부를 위해 쓰지 않으면 안 되게 되어 있다. 이것은 단순히 학문으로서만이 아니고 종교적인 의무이기도 하다.

그 까닭은 유대인에게는 신을 공경하고 신을 경배한다는 것은 바로 공부한다는 것이다. 그것은 누구이건 유대인이 탈무드를 매일 공부하면 하나의 깨달음과 같은 경지에 도달한다는 말이다.

랍비 가운데에서는 상하 관계나 서열이라는 것이 없다. 또한 랍비끼리는 아무런 단체도 만들지 않는다. 물론 어떤 랍비는 다른 랍비보다 현명하다고 여겨질 때에는 어려운 질문이 들어오거나 또 복잡한 의식 때에는 그 랍비가 맡게 된다. 오늘날 이스라엘의 종교 학교에서는 9살부터 탈무드 공부를 시작한다. 그리하여 고등학교 과정을 마치게 되는데 이러한 종교 학교에서는 탈무드 이외에는 공부시키지 않는다. 따라서 학생은 10년에서 15년 동안 탈무드 연구에만 열중하게 된다.

미국의 랍비를 양성하는 학교에 가려면 먼저 일반 대학에 들어가 학사학위를 받아야 한다. 랍비를 양성하는 학교는 대학원에 해당되기 때문이다. 랍비가 되는 공부를 하기 위해서는 매우 엄격한 입학시험을 거쳐 4년이나 6년 동안 탈무드를 처음부터가 아니고 중간부터 배우게 된다. 그것은 그 전에 이미 많은 배워왔다고 인정되기 때문이다. 따라서 입학시절도 매우 까다롭다.

그 입시과목은 먼저 성서 · 히브리 어 · 아랍 어 · 역사—이것은 자그만치 4,000년 역사이므로 역사가 짧은 나라와는 달리 대단한 것이다.—유대문학 · 법률 · 탈무드의 심리학 · 설교학 · 교육학 ·

처세철학 · 철학이 있고 그 밖에 몇 가지 논문도 써야 한다. 어느 것이나 대단히 어려운 시험이다. 더구나 졸업 때에는 4년이나 6년 동안 배운 것에 대해서 마지막 시험이 또 행해진다.

이들 과목 가운데에서 가장 기본이 되고 중심이 되는 기둥은 탈무드이다. 반 이상의 시간이 탈무드에 배당되고 있는 탈무드 이외의 수업은 교수의 강의에 의해서 행해지는데 탈무드 강사는 보통 교사와는 달리 뛰어난 인격자가 선택된다.

그 까닭은 이러한 학교에서 탈무드를 가르칠 수 있으려면 뛰어난 현자이며 그 주위에서 볼 수 없는 위대한 인물이어야 하기 때문이다. 탈무드의 교사는 유대문화가 배출할 수 있는 가장 뛰어나고 현명한 인격자가 선택된다. 탈무드의 말을 빌려서 말한다면 탈무드 교사는 왼손으로 학생을 차갑게 떼밀고 오른손으로는 학생을 따뜻이 끌어안을 수 있는 재능의 소유자이다.

학생 쪽도 탈무드 교사에 대해서는 아주 다른 반응을 보인다. 탈무드는 한 개인으로는 공부하지 않고 두 사람이 한 조가 되어서 공부한다. 큰 소리로 낭독하고 모두 모여서 외우기도 한다. 두 사람의 조가 하나의 그룹을 만들어 3년 동안이나 공부를 계속한다. 탈무드 교사는 결코 어떻게 공부하라고는 강요하지 않으므로 자신이 모든 것을 판단해야 한다. 자기 스스로 탈무드를 생각하고 탈무드를 읽으면서 여러 가지 탈무드의 참다운 의미를 밑바닥에서부터 파악하지 않으면 안 된다. 한 시간의 수업을 받기 위해서는 네 시간 가량 공부해 두어야 한다. 그러나 고학년으로 올라갈수록 한 시간의 탈무드 수업을 받기 위해서는 스무 시간 이상 준비하지 않으면 안 된다.

탈무드의 과목은 하나하나 가르치는 것이 아니라 아주 대략의 줄거리를 이야기하고 어떻게 공부하면 좋은가 방향을 제시할 뿐이다.

저학년에서는 모두 테이블을 둘러싸고 앉는데 선생은 같은 방에서 약간 떨어진 곳에서 혼자서 듣고 있다. 물론 수업을 위해 준비하고 있는 단계에서는 그 선생에게 모르는 부분을 질문할 수도 있다.

탈무드 수업에서는 반드시 그리스 어와 라틴 어를 말할 수 있어야 한다. 그리고 그리스나 로마의 문화적 생활에 정통하고 있어야 한다.

랍비가 되기 전의 학생은 독신이라면 기숙사에 들어간다. 대략 100명 남짓의 학생이 함께 생활하기 때문에 하나의 학생 사회라는 것이 형성되며, 함께 식사하고 서로 이야기한다. 그러나 거기에는 수도원과 같은 엄숙한 분위기는 전혀 없다. 저녁이면 농구 등의 스포츠를 하면서 즐긴다. 따라서 일반 사회에서 격리된 수도원과는 근본적으로 다르다.

무난히 졸업할 수 있게 된 사람은 처음 2년 동안은 학교를 위해서 일해야 한다. 이 학교를 위한 봉사란 종군 랍비가 되어도 좋고 또는 랍비가 없는 마을에 가서 봉사할 수도 있다. 나는 종군 랍비로 공군에서 2년 동안 봉사한 경험이 있다.

하나하나의 교구는 딴 교구에서 독립되어 있으므로 가톨릭처럼 랍비가 어디로 파견되는 일은 없다. 그러므로 여러 유대인 지역사회는 랍비 양성학교에 편지를 보내 우리에게 랍비가 없으니 한 달에 얼마만큼의 보수를 정해 랍비가 될 사람을 구해 달라는 신청을 하게 된다. 그러면 졸업이 가까워진 랍비는 자기가 그곳에 가고 싶다고 학교의 사무국에 신청한 다음 그 지역사회에 직접 가서 면접시험을 받는다.

지역 사회가 어떤 랍비를 선택하는가는 자유이며 랍비 쪽도 자유롭게 선택할 권리가 있다. 그러므로 지역 사회에서도 여러 명의 랍비 후보자와 만날 수 있고 이쪽에서도 여러 곳으로 가보아서 자기가 바라보는 장소를 선택할 자유가 있다.

이야기가 잘 되면 그 지역 사회의 예배소에 속하는 랍비가 될 수 있는데 보통 일반적으로는 2년 동안이 한 기간으로 되어 있다. 보수와 그 밖의 조건은 지역 사회와 랍비 사이의 계약에 의해 맺어진다.

예배소나 교구 또는 지역 사회는 우연히 생기는 것이어서 어떤 도시의 경우 이 도시에 모인 유대인 수가 어느 정도에 이르게 되면 예배소를 두자는 의견으로 시작된다. 반대로 말하면 유대인은 예배소가 없는 곳에서는 살지 못한다. 유대인은 아침 일찍 일어나서 세수를 하고 아침밥을 먹는 것과 같이 예배소가 필요하며 아이들의 교육을 위해 유대인 학교, 즉 예배소를 만드는 것이 필요하다. 그래서 대체로 유대인이 20가구 정도가 되면 예배소를 설치하여 랍비를 초빙한다. 하나의 지역사회에 많은 랍비가 있어도 좋겠지만 그것은 몇 명 정도의 유대인이 그 지역에 살고 있는가에 따라 정해진다.

지역 사회의 재원은 기본적으로는 그 사회에서 한 가족 단위로 내는 분담금으로 조달되는데 더 넉넉한 사람은 1년에 한 번 기부를 한다.

오늘날의 랍비 역할은 유대인 학교의 책임자이며 예배소의 관리자이자 또한 설교자이다. 그는 유대 전통을 모두를 대신하며 공부하고 요람에서 무덤으로 가기까지 유대인 사회에 있어서의 문제 해결자인 것이다. 사람이 태어나면 그를 맞아들이고 죽으면 매장하고 결혼할 때나 이혼할 때도 거기에 입회한다. 좋을 때나 나쁠 때나 언제나 얼굴을 내민다. 따라서 그는 학자이며 또 교사이기도 하다.

15세기까지 랍비는 보수가 없었다. 그 때문에 대개는 다른 직업을 가지고 있었다. 15세기 이후부터 랍비의 보수를 지역 사회가 부담하게 되었다.

'랍비'라는 말은 1세기 무렵부터 쓰이기 시작했는데 히브리 어로는 '교사'라는 뜻이며 영어로는 '라바이'라고 말한다.

유대교에서는 시간이라는 것은 몹시 중요한 개념으로 중요시하고 있지만 장소라든가 지역이라는 공간 개념은 과히 중요시하지 않는다. 따라서 기독교에서와 같은 성역이라는 말은 없지만 랍비는 일반에게 성인이라고 칭송받는다.

유대인 생활

유대인들은 일출과 동시에 일어나 먼저 손을 씻고 식사하기 전 30분 가량 기도를 해야 한다. 기도할 때에는 팔과 머리에 성스런 상자를 매달고 목띠를 몸에 감고 기도한다.

집에서 기도해도 좋지만 대개는 가까운 예배소에 가서 예배한다. 그러나 예배소에서나 집에서나 기도의 말은 똑같다. 예배소에 가면 다른 사람들도 모두 모여서 기도를 하고 있으므로 함께 기도할 수 있다는 이점이 있다. 그리고 심리적으로 자기 혼자서 하는 기도는 이기적으로 되기 쉽고 집단으로 기도하면 집단 의식이 강해진다.

그러고는 아침 식사를 하는데, 이때 손을 씻고 짧은 기도를 한다. 그러고나서 먹는다. 만약 친구나 가족과 함께 식사할 때에는 반드시 탈무드에 대한 화제를 택해야 한다. 그리고 식후에도 기도하는데 그때 친구나 딴 사람이 있으면 함께 목소리를 맞추어 기도한다. 그 다음에 저마다의 일터로 나간다.

오후는 정오에서 일몰까지의 사이에 대체로 5분 정도의 짧은 기도를 해야 한다.

그리고 밤에는 가까운 아카데미에 가서 공부한다. 그 까닭은 유대인은 하루 가운데 어떻게 시간을 내서든지 공부하지 않으면 안 되기 때문이다.

유대인 장례

죽은 이에게는 경의를 표하지 않으면 안 된다. 죽은 이는 언제나 지켜져야 한다.

먼저 몸을 깨끗이 한다. 그때는 지역 사회에서 가장 교

육 수준이 높고 존경을 받고 있는 사람이 몸을 씻는다. 그것은 유대인 사회에서 대단한 명예로 여겨지고 있다.

될 수 있는 대로 빨리 매장해야 하는데 관례상 화장하지 않고 매장한다. 원칙적으로는 죽은 다음날 매장해야 하는데, 그를 조금이라도 알고 있는 사람은 반드시 장례식에 참가해야 한다. 그 가운데 한 사람, 예컨대 랍비가 조사를 읽고 상주가 기도의 말을 읽는다. 그들은 같은 예배소에 가서 같은 기도를 앞으로 1년 동안 매일 올리게 된다.

매장이 끝나면 가족은 집으로 돌아온다. 1주일 동안 이와 똑같은 일을 집에서 되풀이한다. 마루에 앉아서 한 개의 촛불을 계속 켜고 거울에는 모두 덮개를 씌워 늘 10명의 친구가 모여서 기도문을 외게 된다.

상주는 1주일 동안 집 밖으로 나가지 않는다. 예배소에도 1주일이 지나야 가게 된다. 그 가족을 알고 있는 사람은 그 주일 동안에 그 집에 가서 조문을 한다. 그 1주일이 끝나면 가족은 집 밖에 나가서 집 둘레를 한 바퀴 돈다. 1개월 동안은 얼굴을 씻어서는 안 된다.

그 뒤에는 해마다 기일이 돌아올 때마다 상을 입는다.

장례식에서 돌아온 가족은 달걀을 먹는다. 유대인의 죽은 이에 대한 사고법은 사람은 누구라도 가족이 죽으면 슬퍼하지만 1주일 동안 상을 치른 뒤에 밖으로 나간다는 것은 그 이상 상을 입어서는 안 된다는 뜻으로서, 슬픔이 너무 길어도 건강에 나쁘다고 생각하고 있다. 그래서 1주일 뒤에 밖에 나가 집 둘레를 한바퀴 도는 것이다.

달걀을 먹거나 집 둘레를 원을 그리고 걸어야 한다는 것은, 원은 시작도 끝도 없으므로 생명도 원과 같이 끝이 있어서는 안 되며 늘 계속되어야 한다는 것을 의미한다.

가장 깊은 슬픔에 잠기는 것은 1주일 동안이다. 그 다음 1개월 동안의 초상 기간도 있지만 이 기간의 앞의 1주일 동안만큼 슬픔에 잠기지 않는다. 다음의 1년간도 슬픔은 덜해진다. 1년 뒤에는 기일을 제하곤 상을 입지 않는다. 이 1년 상을 입는 것은 아버지나 어머니의 경우뿐이고 다른 사람의 경우는 1주일 보태기 1개월로 상이 끝난다.

내 아버지가 죽었을 때에도 나는 매우 슬퍼서 식사를 할 수 없었다. 그러나 달걀은 꼭 먹어야 했다. 그 까닭은 그때의 식사는 의무적이기 때문에 꼭 먹어야 한다는 데 의미가 있다.

죽은 이만이 살아 있는 인간을 지배하고 있는 것이 아니고 살아 있는 사람은 계속 살아가야 한다는 것을 유대인은 가르치고 있다. 자살은 큰 죄이다.

장례식은 부자나 가난한 사람이나 학자나 교육받지 않은 자라도 유대에서는 전부 똑같은 관, 똑같은 옷으로 행한다. 인간의 지위나 부귀에 따라 장례식의 형태를 달리하지 않는다. 인간 평등이라는 것을 존중하기 때문이다.

예배소에서 같은 모습을 하고, 같은 모자를 쓰고 기도하는 것도 그 때문이다.

탈무드의 숲

사랑하는 내 아들아!
책은 정다운 벗으로 삼을지어다.
책장을 네 기쁨과 밭과 정원으로 가꿀지어다.
책의 낙원에서 훈훈한 향기를 느껴라.
지식의 고귀한 열매를,
지혜의 장미를 네 자신의 것으로 만들어라.
그 꽃다운 향기를 맡아 보아라.
만일 네 영혼이 가득차거나 지쳐 있다면,
정원에서 정원으로
이랑에서 이랑으로
풍경을 감상해 보아라.
그러면 새로운 기쁨이 용솟음치고
네 영혼은 희망에 차 도약할 것이다.
─쥬다 이븐 티본

지혜로움

나이가 많아지면 무엇인가를 배우려는 의지가 약해진다는 말은 유대인에게는 어울리지 않는 말이다. 누구나 나이를 먹어도 배울 수 있다. 배움으로써 젊음을 되찾을 수 있다. 청춘이란 단순히 나이를 뜻하는 말이 아니다. 그것은 태도를 뜻한다. 나이 많은 사람이 아랫사람에게 묻기 좋아한다는 것은 배움으로써 젊음을 유지하는 태도가 아니겠는가? 근대 의학에 의해서도 증명된 사실이었지만 유대인이 2000년 전에 쓴 책에도 그렇게 기록되어 있다.

유대인은 생명이 붙어 있는 날까지 배운다. 배우는 것이 그들의 성스러운 임무이며 보람이라고 생각했기 때문이다. 유대인들은 천국으로 돌아갈 마지막 순간까지 배움의 길로 걷겠다는 확고한 신념을 가지고 있었다. 아무리 위대한 교직자라도 배움을 계속하지 않으면 안 된다는 굳은 신념 말이다. 학문에는 왕도가 없으며, 배움에는 끝이 없다. 이디시 어의 '학자'라는 말은 히브리 어의 '람단'에서 비롯된 말로 '람단'이란 알고 있는 사람이란 뜻이 아니라 배우는 사람이라는 뜻이다.

방대한 지식을 자랑하는 사람보다 배우고 있는 사람 쪽이 더 훌륭하고 가치있다고 생각해 왔으며 지금까지 아니 미래까지도 유대인은 그렇게 생각할 것이다.

탈미드 호헴

인간에게 가장 중요한 것은 무엇인가? 유대인의 종교적 전통에서 나온 사고 방식에 따르면 그것은 지성이다.

그러나 그 뒤 유대인은 오랜 세월에 걸쳐 수없이 많은 박해를 당해야 했다. 도시가 불타고 재산을 빼앗기는 일이 많았다. 그래서 유대인의 어머니가 아이들에게 묻는 수수께끼에 다음과 같은 것이 있다.

"만약 네 집이 불타고 재산을 모두 빼앗긴다면 너는 도대체 무엇을 가지고 도망가겠는가?"

이 물음에 아이들은 돈을 가지고 도망간다든지 보석을 가지고 도망간다고 대답하게 마련이다.

이런 경우에는 "형태도 색깔도 냄새도 없는 것이다."라고 암시를 주면서 다시 묻는다. 그래도 대답 못 하면 어머니는 가지고 갈 것은 돈도 보석이 아닌 지성이라고 일깨워준다. 누구도 지성을 빼앗을 수는 없으며 지성은 생명이 붙어 있는 한 몸에 지니고 다닐 수 있기 때문이라는 것이다.

유대에는 이와 같은 경우의 많은 격언이 있다.

"여행 중에 고향 사람들이 한 번도 본 적 없는 낯설어 보이는 책이 발견되거든 서슴없이 그 책을 꼭 사가지고 고향으로 돌아오라."

"만일 생활이 궁핍해서 물건을 팔아야 할 경우에는 먼저 금·보석·집·토지를 팔아라. 최후의 순간까지도 팔아서는 안 될 것은 오직 책이니라."

"책은 설사 적이라 할지라도 빌려달라고 하거든 주저말고 빌려주어야 한다. 만약 그렇지 않으면 당신은 지식의 적이 될 것이다."

지식의 상징은 책이다. 1736년 라트비아의 유대인 거리에서는 책을 빌려달라고 하여 빌려주지 않는 사람에게는 벌금을 물린다는 조례까지 정해놓았었다. 또 유대인 가정에서는 아직도 책꽂이를 침대 다리 쪽에 놓아서는 안 되고 머리 쪽에 놓아야 한다는 풍습이 전해 내려오고 있다.

유대인 사회에서 지성이 얼마나 중요시되고 있는가 하는 예로서 학자는 왕보다도 더 훌륭하고 존경받는 대상이 되었다. 이것은 유대인만이 자랑할 수 있는 전통이다. 다른 민족의 대부분 왕후 장상이나 귀족, 상인을 학자보다 더 우위에 놓고 있다.

그만큼 유대인들은 학문을 소중히 여기고 있으나 지식보다는 지혜를 더 소중히 여겨 왔다. 이것은 아무리 많은 지식을 가지고 있어도 지혜를 갖추지 않은 사람은 많은 책을 등에 짊어진 당나귀와 같기 때문이라고 전해지기 때문이다.

지식은 아무리 많이 모아도 좋은 목적에 사용되지 않으면 도리어 해독을 끼치며 또 오로지 지식을 모으기만 하면 책을 책장에 쌓아 놓은 것과 다름없는 것이다. 지식은 지혜를 갈고 닦기 위하여 몸에 지니고 있는 데 지나지 않는다.

지식을 무조건 맹목적으로 익히는 것도 경시되었다. 단순한 지식은 모방에 지나지 않기 때문이다. 배우는 것은 어디까지나 자기 자신이 스스로 생각하는 힘을 기르기 위한 기초 작업이다. 히브리어에서는 지혜자를 '호헴'이라 부르는데 '호헴'은 '호프마(지혜)'를 가지고 있고 그것을 사용할 수 있는 사람이다. '호헴'은 반드시 인텔리는 아니다. 예를 들면 야채 가게나 정육점에도 '호헴'으로 높이 알려진 자가 있었고 또 옛날의 위대한 랍비들은 대부분 목자나 구두 수선공이었다.

이 지혜자 가운데에서 가장 뛰어난 지혜가 있는 사람은 '탈미드 호헴(《탈무드》에 정통한 자)'이라고 불렸는데 《탈무드》나 《토라》에 정통하고 있었다. 이와 같은 사람은 어떤 공식적인 정규 교육에 의해서 생겨나지 않고 어떠한 칭호도 '탈미드 호헴'을 만들 수는 없다고 생각되었다.

열심히 배우는 젊은 학도가 지식을 쌓고 지성을 닦는 동안에 통찰력을 얻고 또 교만하지 않고 겸허함을 배우면 '호헴'으로 불린다.

겸허함이야말로 학식과 같이 존중되었다. 자기 자신이 행복하다고 느끼는 사람은 행복하고 자기 자신을 어질다고 생각하는 사람은 어리석은 사람이다. 포도는 익어 갈수록 아래로 처지듯 지혜 있는 사람은 겸허해야 한다. '탈미드 호헴'은 평생동안 배움을 잊지 않고 부지런하여 많은 사람들로부터 지혜로운 자라고 칭송받은 사람이었다.

고대 유대 사회에서는 '탈미드 호헴'은 세금이 면제되었다. 이러한 혜택을 주는 이면에는 지혜자의 존재가 사회 전체에 유용하다고 보는 절대적인 사상이 깔려 있기 때문이다. 그뿐만 아니라 사회 전체가 서로 도와야 한다고 생각했기 때문이다.

다음은 유대인 사회에서 '호헴'을 어떻게 존경하였는가를 보여주는 한 예이다.

"'호헴'과 부자 중에 어느 편이 더 위대한가? 그것은 '호헴'이다. 왜냐하면 '호헴'은 돈의 고마움을 알지만 부자는 '호프마'의 고마움을 모르기 때문이다."

값진 시계

아무리 학식이 풍부한 사람이라도 그 학식을 자랑해서는 안 된다. 마찬가지로 자기가 남보다 잘났다든지, 힘이 강하다든지 하는 일을 자기 스스로 말해서는 안 된다. 사람들이 모두 그런 것을 싫어하고 미워하기 때문이다.

《탈무드》는 학식과 능력을 값진 시계와 같은 것이라고 말하고 있다. 요컨대 자기가 가지고 있는 것을 자랑해서는 안 된다. 사람들이 물어볼 때 비로소 그 시계를 내놓아야 더욱 값진 것이 된다.

이러한 사람만이 비로소 아무리 퍼내도 그칠 줄 모르는 깊은 샘물과 같은 학식이 넘쳐 흐른다. 유대인은 학식을 우물에 비유하여, "근원이 깊은 우물들은 아무리 퍼내도 마르지 않는다. 얕은 우물은 곧 없어진다."라고 말한다. 돈이나 보물은 곧 잃어버릴 수도 있지만 지식은 언제나 몸에 따라다닌다. 그러므로 '배우는 일은 한평생의 직업'이며 선생으로부터 많은 것을 배웠고 친구로부터도 더 많은 것을 배웠다. 그러나 가장 많이 배운 것은 학생으로부터 배운다는 겸허한 생각이 든다.

"지혜는 겸허를 낳는다."고 아브라함 벤 에즈라는 말하고 있다.

빛과 그늘

하늘은 도대체 어디서부터 시작되는가? 이러한 질문을 받을 경우 무엇이라 대답할 것인가? 그것은 당신의 발 밑에서부터 시작된다고 말할 수도 있다.

개미를 예로 들어 생각해보자. 개미가 하늘을 쳐다본다면 그 높이는 얼마나 될 것인가? 당신의 구두 근처에서부터 하늘이 시작된다고 생각해도 틀린 말은 아닐 것이다.

그렇다면 세계는 도대체 어디서부터 시작되는 것일까? 세계는 바로 당신 자신으로부터 시작되었다고 봐야 한다. 그러나 대개의 경우 다음과 같이 말하는 것이 일반적인 생각이다.

"나는 이 세계를 훌륭하게 바꿀 수 있는 능력 같은 것은 전혀 가지고 있지 않다. 나는 아주 무력한 존재다."

이렇게 생각하고 자기는 세계의 일부가 아닌 양 자포자기하기가 일쑤다. 이러한 사고 방식은 아주 잘못된 생각이다. 절대로 자기 자신을 무기력하게 생각해서는 안 된다.

모든 문제는 인간으로부터 즉, 자기 자신으로부터 출발하고 있다. 당신은 세계가 안고 있는 어려운 문제를 더욱 크게 할 수도 있고 어려운 문제를 해결하기 위하여 당신의 힘을 빌려줄 수도 있다. 당신은 절대 무력한 존재가 아니고 적어도 당신의 힘으로 당신 주위 세계를 바꿀 수 있는 능력이 틀림없이 있다.

먼저 자기를 둘러싸고 있는 세계에서 가장 중요한 것은 무엇인가? 그것은 두말할 것도 없이 가족이다. 그런데 가족 관계가 원만하게 이루어지고 있는 사람은 애석하게도 그렇게 많지가 않다. 그다음으로 자기 일이 있고 또 자기가 살고 있는 지역 사회가 있다. 어떻게 하면 보다 나은 세계를 건설할 수 있을 것인가? 그러기 위해서는 첫째로 배움으로써 보다 좋은 환경을 만들 수 있다. 배움은 학교에 다닌다든지 책을 읽는다든지 하는 것만이 아니고 주위 환경의 모든 사람들이 무엇을 원하고 있는가를 배우는 것도 중요한 문제가 된다.

배움 역시 폭넓은 것이 아니라면 인간이 진지하게 살아가는 데 큰 보탬이 될 수는 없다. 배운다는 것은 그 목적이 좀더 인간다운 생활을 하기 위함에 있는 것이다. 인간으로서의 매력을 더하는 데 있다.

그러나 오늘날 학문은 선악의 개념을 분명히 없애야 한다고 생각되고 있다. 이를테면 과학에서는 사실만을 밝힐 뿐 선악 관계는 전혀 무관하다고 생각한다. 과학이란 당연히 그래야 한다는 것이다.

그러나 그런 생각은 과학이 인간의 도구임을 잊고 있는데서 오는 그릇된 생각이다. 인간이 과학을 제대로 이용하려면 최종적으로 선악까지도 판단해야 한다. 따라서 어디까지나 객관적 학문만으로는 우리들의 도구에 지나지 않는다.

과학 기술은 인간 생활을 크게 향상시켰다. 과학 기술의 발달로 선진 공업 사회에서는 사람들을 지난날의 굴욕적인 빈곤으로부터 해방시켰다. 과학이야말로 인간 생활을 크게 향상시킨 원동력이었다.

그렇기 때문에 과학이 인류에게 이바지한 만큼 과학의 힘을 인정하는 것은 당연하지만 과학의 힘을 과대평가한 나머지 자신도 모르는 사이에 과학만능주의에 빠지기 쉽다.

인간 생활에서는 무엇이 가치 있으며 무엇이 나쁜가라는 가치 판단이 명확해야 한다. 좋고 싫고만 신경써서 생활하는 인간은 자칫 판단을 그르칠 우려가 있다. 이해 득실 또한 마찬가지다. 순간만의 이해 득실에 얽매여 순간순간 변하는 사람은 여러 사람들의 신뢰를 받지 못한다. 여러 사람들의 신뢰를 받는 변하지 않는 가치가 바로 신용이란 것이다.

선악의 판단은 한 사람의 인간으로부터 시작된다. 《탈무드》에서는 "뛰어난 사람은 평범한 사람들보다 두 가지의 교육을 더 받았는데 그 하나는 교사로부터 받는 교육이요, 다른 하나는 자기 자신으로부터 받는 것이다."라고 가르치고 있다.

인간은 누구나 밝고 어두운 면을 가지고 있다. 아무리 착한 사람에게도 그늘이 있고 또한 어떠한 악인에게도 빛이 있게 마련이다. 그러므로 그늘이 있다고 하여 부끄럽게 생각하는 것은 자신을 망치는 행위이다. 빛 부분을 갈고 닦아 더욱 빛나게 하면 되는 것이다. 거꾸로 빛 부분이 있다고 하여 자만심을 가져서는 안 될 것이다. 그늘 부분을 줄이고 없애도록 노력해야 할 것이다.

인간도 교육도 세계를 위하여 유용한 것이 되어야 한다. 옛날의 랍비들은 자기 자신만을 위하여 살아가거나 또 다른 사람만을 위하여 살아가서도 안 된다고 생각하였다. 자기 자신만을 생각하는 사람은 천하고 다른 사람만을 위하는 자는 광신자가 되기 때문이다.

스스로를 뛰어넘어라

인간은 선천적으로 게으른 동물이다. 때문에 새로운 사물과 사상에 대하여 끊임없는 관심을 갖지 않으면 단조로운 생활이 되풀이된다.

알버트 아인슈타인 박사는, "인간은 늘 새로운 것을 생각하지 않으면 인형과 같이 되어 버린다."라고 말했다. 공연히 자신의 습관에 따라 행동하게 되어 버리고 만다. 토마스 만은 "습관은 인간에게 있어 잠자고 있는 것과 같다. 어린 시절이나 청소년기에 시간가는 것이 길다고 느껴지는 것은 늘 새로운 것을 대하게 되므로 자극이 강하게 작용하기 때문이다. 반대로 중년이 지나면 일 년이 너무 빨리 지나간다고 느껴지는데 이것은 너무나도 많은 습관이 쌓이고 쌓였기 때문이다."라고 말했다.

오늘날 대중 생활 속에서의 매스미디어에 대하여 생각해보자. 아침에 일어나 직장으로 출근하기 전에 라디오 뉴스에 귀를 기울이거나 아침 신문을 펼쳐보고 숟가락은 입을 향하여 오르내린다. 또는 전철, 버스 속에서 신문을 펼쳐들지도 모른다. 이와 같이 신문이나 라디오 뉴스를 센세이셔널하게 다루고 있다.

대부분의 사람들이 왜 신문이나 라디오에 귀를 기울이는가? 진실을 알기 위해서일까? 주위에서 일어나고 있는 일들을 자기만이 모르고 있는 게 아닌가 하는 불안감 때문일까? 신문을 보거나 라디오를 듣는 것은 우리 생활에서 습관화되어 있다. 매일매일 시시각각으로 새로운 뉴스가 홍수처럼 계속하여 밀려나온다. 그리고 우리들은 매일 먹는 식사와도 같이 새로운 뉴스를 소화시켜 버리므로 아무것도 남는 게 없게 된다. 그러면 또 다음 날에는 신문이나 텔레비전이라는 그릇에 새로운 음식이 담겨나온다.

텔레비전은 교육 프로나 교양 프로보다는 흥미 위주로 된 프로의 시청률이 훨씬 높다. 눈으로 먹는 것이라고나 할까? 영양은 거의 없다. 나도 텔레비전이 처음 등장했을 때 텔레비전 앞에서 떨어질 줄 모르고 오락 프로에 열중했던 기억이 생생하다. 그러나 상당한 시일이 지난 뒤에야 음식과 같이 꼭 먹어야 하는 것도 아닌데 꼭 보고 싶어하는 습관이 붙어 버린 것을 깨닫게 되었다.

그러나 솔직히 말해서 텔레비전뿐만 아니라 우리의 일상 생활 속에서 습관화된 버릇으로 인하여 빼앗기는 시간이 예상 외로 많다는 데 주의를 기울이게 된다. 다시 한 번 생활을 돌이켜 반성해 봐야 할 것이다.

지난 해 나에게 배달된 일본 신문에 다음과 같은 기사가 실려 있었다.

"요즈음 대성황을 이루고 있는 외국어 학원 야간 교실에는 샐러리맨의 모습이 많이 눈에 띄는데 그 90퍼센트가 거의 결석하는 일이 없다는 통계가 나와 학습 의욕이 대단함을 보여 주었다."

최근 일본에서는 외국어 학습뿐만 아니라, 샐러리맨의 자기 계발 풍조가 고조되어 가고 있다. 정기적으로 모이는 학습회를 비롯하여 강연이나 세미나 횟수도 수년간 상당한 증가 추세에 있다. 이것은 매우 고무적인 현상으로 일본 사회가 급속도로 풍요해지고 지적인 인재가 더욱 필요하게 되어 있기 때문이다. 인건비 상승과 아울러 사람들의 욕망 또한 다양화되었다. 이 다양화가 사회 형성의 요소를 기하급수적으로 증가시켰다.

사회 발전의 요소가 증가하는 만큼 변화를 가져 오는 요인의 연결 상도 점점 불어나고 있다. 그리고 그 변화하는 양상도 예측하기가 곤란하다. 이에 대처하여 자기 자신 속에 될수록 많은 지적 요소를 지니고 또한 축적하고 있는 인재가 절실히 필요해지고 있다.

근면과 부지런한 것만으로는 사회가 요구하는 일을 충족시켜주지 못한다. 늘 새로운 것을 배우고 진취적인 기상을 가져야 한다. 지성은 은수저와 마찬가지로 자주 닦지 않으면 퇴색하기 쉽다. 그리고 서로 다른 것을 많이 공부하면 그들을 상호 연결시켜 새로운 지식이나 통찰력을 이끌어낼 수 있다. 서로 다른 요소가 상호 작용하여 자신도 상상할 수 없을 만큼의 좋은 생각이 떠오르기도 한다.

인생의 최대 목적은 무엇인가? 그것은 자기를 낳는 것이다. 사람은 누구나 어머니의 태로부터 태어난다. 이것은 생물적인 탄생이다. 생물적인 탄생 다음에 인간은 다시 한 번 태어나야 한다. 즉 자기가 자기를 낳는 것이다.

모든 인간은 다 자기 나름대로의 창조력을 갖추고 있으나, 대부분의 사람이 각자가 간직하고 있는 창조력을 스스로 개발할 줄을 모르고 있다. 다른 사람을 넘으려 하는 것보다도 자기 자신을 넘어서려고 끊임없이 노력하는 사람이 언젠가는 반드시 다른 사람보다 뛰어나게 된다.

어버이가 아들에게 베푸는 것

어버이들은 자기가 이루지 못한 것을 자녀로부터 얻으려는 잠재의식이 강하다. 이를테면 아들에게 자동차를 사준다거나 용돈을 지나치게 많이 주거나, 또한 능력 이상의 좋은 학교에 보내려고 하는 것이 어버이들의 마음이다. 그러나 그렇게 하지 않더라도 어버이가 가지고 있는 애정, 근면성, 겸허함, 겸양정신 같은 것을 아이가 충분히 이어받는 것만으로도 사실은 충분한 교육이 된다.

아이가 좋은 기업체에 취직하기를 희망하거나 명문학교에 입학하기를 바라는 것은 물론 나쁜 일은 아니다. 그러나 어버이가 갖지 못했던 것을 아이에게 가지라고 한다든가 어버이가 이룩하지 못했던 것을 자식에게 강요하는 나머지 어버이가 갖고 있는 귀중한 것을 자식에게 베풀지 못하는 수가 있다.

"5살 된 자식은 당신의 주인이고, 10살 된 자식은 노예이며, 15살 된 자식은 부모와 동등하게 된다. 그 뒤로부터는 교육 시키는 방법에 따라 벗이 될 수도 적이 될 수도 있다."고 탈무드는 쓰고 있다.

산보다 높은 사람

캘리포니아 주의 수도 새크라멘토 소재 주의회 건물에는 다음과 같은 글귀가 새겨져 있다.

"높은 산들보다 더 높이 솟아오르는 인간을 만들자."

이 말과 비슷한 사고 방식이 유대인의 사상에 스며 있다. 히브리어에서 '하림'은 산, '호림'은 어버이, '오림'은 스승을 가리키는 말이다. 이 말에서 뜻하는 바와 같이 어버이와 스승은 산과 같이 높은 존재로서 여느 사람보다 한층 높게 솟아올라 있다고 생각했다.

산이 하늘보다 더 높이 솟으려고 산의 정상이 위로 솟아올라 있듯 유대인들도 그들 자식들을 보다 높은 곳에 오르도록 하기 위해 노력하고 있다. 아이들이나 공부하는 학생들을 이 산과 같이 높은 정상에 다다르지 않으면 안 된다고 가르치고 있다.

유대 민족은 다른 민족에 비하여 교육열이 특히 강하다. 3살 때부터 매주 엿새, 하루 여섯 시간에서 열 시간까지 공부에 열중한다. 교수 집이나 학교에서 《토라》, 《탈무드》를 외도록 하여 장래의 바미츠바(성인식) 교육에 대비시킨다.

희망의 신념

어느 유명한 박물관 한 구석에 매우 눈길을 끄는 그림 한 폭이 걸려 있었다. 이 그림에는 인간과 악마가 체스를 하는 모습이 그려져 있는데, 제목은 '장군'이었다. 나는 이 테마가 무척 뛰어난 것이라고 생각한다. 인간은 지금까지 쌓아올린 모든 지혜, 통찰력, 경험전략을 동원하여 악의 상징인 악마와 결투를 벌이고 있는 것이다.

인간이 이길 것인가? 악마가 이길 것인가? 양쪽 모두 온힘을 다하고 있다. 이 시합은 매우 중요한 한판 승부이다. 그러나 유감스럽게도 악마가 '장군'을 걸고 있는 장면이어서 악마가 이길 것같이 보인다. 인간도 온힘을 기울이고 있으나 인간 쪽이 수세에 몰려 있다.

이 박물관을 관람하고 있던 한 사람이 그림에 담긴 의미에 깊이 감동되어 그의 눈이 그림 속으로 끌려들어갔다. "악마가 인간에게 감히 도전을 하다니!" 무의식중에 그의 입에서 이 말이 튀어나왔다. 더욱 우울한 기분이 되어 그는 그 그림을 뚫어지도록 바라보았다.

그러고 나서 그 사람은 갑자기 펄쩍 뛰면서 외쳐댔다.

"그렇다, 그래."

박물관은 큰소리를 내지 않고 조용히 관람해야 하는 장소이다. 큰소리를 낸 사람은 여지없이 쫓겨나고 말았다. 그러나 그는 또 먼저 서 있던 곳으로 다시 돌아와 그림 앞에 서 있는 게 아닌가. 조용히 뚫어지게 들여다보고 있던 그의 생각이 쌓이고 쌓여 또 고함을 질러 댔다. 그러자 이번에도 마찬가지도 밖으로 쫓겨났다. 세 번째 그림이 있는 자리로 돌아오니 평상시의 정숙한 분위기를 되찾기 위한 목적으로 특별감시원이 그 자리에 배치되어 있었다.

이번에는 그의 둘레에 사람들이 모여들고 있었다. 그는 또 소리를 질렀다.

"틀린다, 틀려. '장군'이 아니야. 또 한 수가 남아 있잖아. 아직도 희망은 있다."

둘레에 모였던 사람들도 그제서야 장기판으로 눈길을 모았다. 실제로 말해서 인간은 외통수로 몰려 패배한 것처럼 보였으나 장기의 명수인 그는 이미 장군은 당했으나 아직 꼼짝달싹 못 하는 '외통수'는 아니고 또 한 번의 수가 남아 있음을 알게 되었다. 인간에게는 또 한 수가 남아 있으므로 구제될 수 있으며 아직 희망이 있는 것이다. 그제서야 둘레에 모여 있던 사람들이 그 의미를 깨달았다.

맞아! 악마가 인간을 장기판으로 유혹하여 지금은 비록 궁지에 몰려 있지만, 최후의 한 수만은 언제나 인간편에 있다. 칠전팔기, 기사 회생의 한 수가 인간에게 아직 희망을 주고 있다.

주위 환경이 모두 곤경과 장애물뿐인데 어떻게 하여 그 한 가닥 희망을 키워나갈 수 있는가? 인간은 언제나 장기의 작전을 생각해볼 필요가 있을 것이다. 모든 악과 정면 대결하는 것도 괜찮겠지만 악의 반대인 선을 굳히려고 노력한 경험이 있는지 다시 되묻고 싶다.

질병과 싸울 때 세균이나 독소 따위를 제거하는 일보다는 병에 걸리기 이전에 자기 몸을 강인하게 단련하는 것이 최선의 방법이다.

강인한 신체는 외적에 저항하는 힘이 강하기 때문에 병이 들어올 틈이 없다. 생명의 저울은 언제나 희망과 절망 사이를 가늠질하고 있는데 생명을 지키는 힘인 희망의 무게를 더함으로써 저울을 인간에게 유리한 방향으로 기울일 수 있다. 절망과 맞싸우는 일보다 희망을 유지해나가는 편이 훨씬 유효하다.

살아가기 위해 인간은 끊임없이 성실하고 용감한 품성을 키워야 하며 자기 자신을 똑바로 알기 위해서라도 그와 같은 능력을 발휘해야 한다. 우리들의 최대의 적은 이성을 잃은 본능적인 욕망, 사리사욕, 곧 양심적 행동을 방해하려는 본능이다.

두려움·소심함·무기력 따위는 늘 인간의 활동을 억제하려 하고 있다. 행복한 사회를 만들 경우 희망은 곧 행복과 일치된다. 더 나아가 그것은 우리 인간의 최대의 행복이라는 사실을 염두에 새겨 둘 필요가 있다. 중국어의 명일이라는 뜻은 '밝아오는 날'이란 뜻인데 명일의 이미지에는 지혜와 환희가 피부로 느껴지는 뉘앙스가 있다.

여기에 또 하나 재미있는 우화를 소개하기로 하자. 세 마리의 개구리가 어쩌다 우유통 속에 빠져 버렸다. 첫째 개구리는 모든 것이 다 팔자 소관이라고 생각하며 꼼짝도 하지 않았고 둘째 개구리는 이 우유통 속을 도저히 빠져나갈 수 없으며 우유도 많아서 어쩔 도리가 없다고 생각하여 손도 써보지 못한 채 빠져 죽고 말았다. 그러나 셋째 개구리는 비판하지 않고 현실을 직시하는 태도로써 '내가 실수했군, 어떻게 하면 좋을까? 무슨 방법이 있을 텐데'라며 코를 우유통 위로 내밀고 뒷발로 차분히 헤엄쳐 보리라고 생각했다.

그러는 동안 무엇인가 단단한 것에 발이 닿아 서게 되었다. 헤엄치면서 우유를 휘 젓는 사이에 버터가 되어 그 위에 서게 된 것이다. 그래서 셋째 개구리는 무난히 우유통 속에서 빠져나올 수 있었다.

여러분들도 계속 헤엄치고 노력한다면 언젠가 성공할 것이다.

새벽을 향하여

하루는 보통 아침부터 밤까지를 말하는 것으로 생각한다.

그러나 유대인 사회에서는 그와 정반대의 생각을 갖고 있다. 유대인이 끈길기게 살아 남은 비결이 여기에 있는지도 모른다.

유대인의 하루는 해가 질 때부터 시작된다. 한 가지 예를 들면 안식일인 '사바스'는 금요일 해가 질 때부터 시작하여 토요일 해질 때에 끝난다. 이와 같은 하루라는 개념에도 유대인의 특성이 나타나 있다.

《탈무드》에서는 랍비들이 어째서 하루의 시작을 해가 질 때로부터 정했느냐에 대해 논쟁을 벌이고 있다. 그들의 마지막 결론은 밝게 시작하고 어둡게 끝나는 것보다는 어둡게 시작하여 밝게 끝나는 편이 더 좋다는 생각이다. 이러한 생각은 인생에 있어서도 마찬가지이다. 이것은 아마도 유대인의 낙관적 인생관을 뜻하는 것인지도 모른다. 유대인은 모든 일에 낙관적이다. 시간이 지나면 반드시 좋은 결과가 올 것이라고 생각하고 있다. 물론 그에 못지 않게 노력도 많이 한다. 그리고 어떠한 어려움에 처해도 절대로 포기하는 일없이 늘 희망을 가지고 있다. 헤엄을 계속 친 세 번째 개구리의 이야기를 기억해 주기 바란다. 희망은 장래를 자기 것으로 만드는 강한 도구이다. 희망을 버리지 않는 한 인생은 장래의 꼬리를 잡고 있는 셈이다. 그것으로부터 절대 손을 떼어서는 안 된다. 희망을 송두리째 끊어 버리는 것은 죽음과 마찬가지다.

인생에는 세 개의 문이 있다고 생각한다. 그 첫째는 과거로 통하는 문이고 둘째는 현재로 통하는 문이다. 나머지 마지막 문은 미래로 통하는 문이다. 이 세 개의 문 가운데 어느 한 문이라도 닫혀 있어서는 안 된다. 그리고 어느 문에나 보물 상자가 놓여 있다는 희망을 가지고 노력하는 것이 인생의 목적이다.

훌륭한 업적을 가진 노인이 존경받는 것은 과거의 문 속에 보물이 있었기 때문이며, 한창 때의 청춘남녀가 아름답게 보이는 것은 현재의 문 안에 보물이 있기 때문이다. 또 아이들은 왜 사랑스러운가? 미래를 상징하는 보물이 있기 때문이다.

맑은 날이 있으면 흐린 날이 있게 마련이다. 인생에 있어 과거는 돌이킬 수 없다. 용기만 잃지 않는다면 미래는 인간이 자유로이 창조할 수 있다. 절대 실망해서는 안 된다. 실망하는 자는 지고 만다.

나는 믿는다

유대인은 늘 낙관적이다. 아무리 절망적인 사태에서도 반드시 좋아진다는 신념을 버리지 않는다. 이러한 신념이 없었다면 오늘날 유대인은 한 사람도 살아 남지 못했을지도 모른다.

유월절이 되면 유대인은 언제나 '아닌 마닌' 이라는 노래를 모두가 합창한다. '아닌 마닌' 이라는 말은 히브리 어로 '나는 믿는다' 라는 뜻이다. 이 노래는 아우슈비츠의 유대인들이 작사 작곡한 것으로 심금을 울리는 아름다운 노래이다. 그들은 죽음으로부터 도저히 피할 수 없는 극한 상황에 처해 있으면서도 "우리는 구세주가 올 것이라 믿고 있다. 그러나 구세주가 나타나는 시간이 늦어지고 있다."는 내용을 노래하고 자신들을 위로했다. 자기 자신이 용기와 희망을 버리지 않는 한 아무도 그것을 빼앗을 수는 없다.

저 절망의 골짜기에서도 구세주가 나타나는 시간이 조금 늦어지고 있다고 이야기한 것이다. 구세주는 세계가 잘 될 것이라는 상징이다. '나는 믿는다.', '아직도 믿고 있다' 라고 그들은 노래불렀다.

유대인의 옛 동화에 '하늘을 나는 말' 이라는 이야기가 있다.

옛날 어떤 사람이 왕의 노여움을 사서 사형선고를 받았다. 그 사람은 왕에게 살려 달라고 탄원서를 냈다.

"나에게 일 년 동안이라는 여유를 주면 왕이 가장 아끼는 말에게 하늘을 나는 법을 가르치겠습니다. 하지만 1년이 지나도 날지 못한다면 그때는 사형에 처해도 달게 받겠습니다." 라고 말하였다.

이 탄원이 받아들여지자 같은 동료 죄수들은, "설마 말이 하늘을 날 수 있겠는가?" 라고 빈정댔고, 그 사람은 다음과 같이 대답했다.

"일 년 이내에 왕이 죽거나 내가 죽을지도 모르는 일이며 또 그 말이 죽을지도 모른다. 일 년 이내에 무슨 일이 일어날지 미래의 일을 누가 알겠는가? 일 년이 지나면 말이 날 수 있을지도 모르는 일이다."

이 이야기는 인생은 무한한 가능성을 지니고 있다는 것을 가르쳐 주고 있다. 희망을 버려서는 안 된다. 그러나 희망도 어디까지나 노력이 뒤따라야 한다는 뜻이다. "희망에 기대고만 있으면 아무것도 되지 않는다."는 것은 움직일 수 없는 사실이다. 그렇게 되면 단순한 희망이라는 것은 쓸모없는 것일 뿐이다.

역경이 주는 용기

유대인이 성서시대부터 끊임없는 박해 속에서 살아 오면서도 유대인이라는 긍지를 버리지 않고 강인한 저항력을 가지고 있는 것은 유대의 긴 역사에서 비롯되었다.

유대인은 자기들의 역사를 소중히 여긴다. 유대인의 역사는 유대인 한 사람 한 사람이 체험한 역사와도 같다. 유대인이 당한 박해의 비참한 이야기는 너무나도 많다.

나치 독일이 동유럽을 점령했을 때 어느 한 가족의 이야기는 끝까지 희망을 버리지 않는 유대인의 강인한 의지를 보여 주고 있다.

유대인은 무지개가 희망의 상징이라고 생각하고 있다. 이것은 소나기 뒤에는 반드시 아름다운 무지개가 하늘에 뜨기 때문이다. 유대인은 늘 무지개가 뜨는 것을 믿으며 살아 왔다. 아무리 박해당하고 짓밟혀도 반드시 살아남는다는 희망을 갖기 때문이다. 그래서 어려움을 견딜 수 있는 것이다.

우리 주변을 살펴보면 무언가 조그만 장애에 부딪치면 곧 좌절하여 포기해 버리는 사람이 많다. 예를 들면 곗돈이 밀렸다 하여 귀중한 생명을 버린다든지, 입학 시험에 실패했다 하여 젊은 생명을 버리는 사람도 있다. 그러나 유대인에게 이 정도의 어려움이라는 것은 어려움이라고 부를 가치조차 없다.

어떠한 어려움에도 굽히지 않는 용기는 어려움을 체험하지 않고는 모른다고 할지도 모른다. 그러나 체험하지 않고서도 역사상의 선인들이 체험한 것을 거울 삼아 자기 것으로 삼을 수 있다.

참다운 긍지

신념은 생명보다 귀중한 것이다.

제2차 세계대전 무렵 동유럽의 어느 유대인 거리에서 일어났다고 하는 이 이야기는 언제 어디서 생각하여도 나를 감동시킨다.

동유럽에 있는 이 나라는 나치에 점령되어 있었다. 어느 날 읍내 광장에는 나치 장교에 의하여 강제로 모인 유대인들이 줄지어 서 있었다.

잠시 후 줄지어 서 있는 유대인들 가운데에서 중년의 한 학교 교사가 끌려 나왔다. 나치 장교는 이 교사가 유대인의 신분을 버리면, 다른 사람들도 그에 따르리라고 생각하였다.

"유대교를 버리시오. 그렇게 하면 일생 동안 먹고 사는 데에도 또 생활에도 아무런 어려움이 없게 해주겠소."라고 장교는 큰소리로 협박했다.

"싫습니다."라고 깡마른 교사는 대답하였다.

"너희들 신 따위는 저주해 버려라. 네 신을 저주하면 네 생활과 가족도 지킬 수 있다."

"싫소."라고 교사는 단호히 말했다.

"유대교의 신을 버려라. 그러면 우리들이 너를 지켜 주마."

"절대 안 됩니다."라며 교사는 한층 침착한 태도로 대답하였다.

"절대 안 된다고? 도대체 네 놈은 자신이 무엇을 하려 하고 있는지 알고나 있느냐! 만일 이대로 고집부린다면 본보기로 너를 죽여 버리겠다. 내 말에 순순히 따르지 못하겠느냐?"

광장에 모인 유대인들은 긴장해서 몸을 떨고 있었다. 어떤 사람의 눈길은 장교에게 꽂혀 있었고 어떤 사람은 교사를 보고 있었다. 여자들 가운데에는 두려움에 질려 눈을 감고 있는 사람도 있었다.

"유대교가 네 놈의 목숨보다 소중하냐? 자기 자신보다도 더 소중하다는 거냐? 가슴에 대고 물어 보아라. 이 바보 같은 녀석아."

"당신은 내 신념을 바꿔놓을 수는 없습니다."

"신을 버리겠다고 한 마디 말만 하면 된다."

"싫소."라고 교사는 새파랗게 질린 얼굴을 하고 거듭해서 말해다. 장교는 홀스터에서 권총을 빼들자 바른손을 내밀어 교사를 겨냥하여 쏘았다. 총소리가 울리며 총알은 교사의 어깨에 꽂혔다.

그 순간 교사는 허우적거리며 쓰려졌다. 교사는 피를 흘리며 고통스러운 표정으로, "아도셈 흐 할로컴, 아도셈 흐 할로컴(신은 신. 신만이 신)"이라고 힘없는 소리로 나직이 부르짖었다.

"이 개새끼, 이 더러운 유대인 놈아!"라고 장교는 소리쳤다. "우리 쪽이 네 놈의 신보다 훨씬 강하다는 것을 아직도 모르겠느냐? 네 목숨은 신이 결정하는 것이 아니고 바로 내가 결정한다. 네가 한 마디, 유대교를 버린다고만 하면 병원으로 옮겨 주마. 그리고 네 상처를 치료해 주고 네 가족과 살게 해주마."라고 장교는 말했다.

"싫소."라고 교사는 숨을 몰아쉬며 말하였다.

장교는 잠시 멍하니 서 있었다. 순간 장교의 얼굴에 두려운 빛이 스쳤다. 그리고 장교는 권총을 아래쪽으로 대고 또 한 발 쏘았다.

두 발, 세 발, 네 발째의 총소리가 울리는 가운데에서도 교사가 "싫소, 싫어."라고 중얼대는 것을 유대인 군중은 분명히 들었다.

그리고 교사는 숨을 거두었다.

이 이야기는 뒷줄에 서 있었던 교사의 아들이 처음부터 끝까지 하나하나 놓치지 않고 지켜본 것을 이야기한 것이라고 한다. 그리고 이 아들은 아버지가 무신론자이며 신을 믿지 않았다는 사실을 덧붙여 말했다.

뭐니뭐니해도 인간의 가장 핵심이 되는 것은 신념이다. 신념을 가지지 않은 인간은 설득력이 부족하다. 인간이 다른 사람을 믿는 참된 근거가 되는 것은 그 사람이 자신을 가지고 있느냐 어떠냐 하는 것이다. 그리고 자신은 신념의 근원이다.

사람이 당신을 신뢰할 때 대체 그 사람은 무엇에 의지하려는 것일까? 그것은 당신 자신이다. 자신의 핵에 해당하는 것이 신념이며 이것은 설사 생명과 바꾸는 한이 있더라도 지켜야 할 것이다. 긍지를 가진다는 것은 중요한 일이다. 그러나 긍지는 신념이 없는 자에게는 겉치레가 되기 싶다.

"아도셈 흐 할로컴, 아도셈 흐 할로컴"이라는 말은 오랜 역사를 통하여 유대인 순교자가 부르짖었던 말이다.

신념을 긍지라는 말로 표현하여도 좋다.

흔히 우리는 영어로부터 인용한 외래어를 써서 "저 사람은 프라이드가 높다."라고 한다. 이와 같은 경우에는 좀 하찮은 일에도 긍지를 손상당하였다고 생각하여 신경질적으로 변하는 사람을 가리키는 수가 많다.

그러나 긍지와 겉치레는 서로 다르다. 다른 사람에게 자존심을 훼손당하였다고 생각하고 곧 화를 벌컥 내는 사람은 사실 긍지가 있다고는 말할 수 없다. 다른 사람으로부터 평가에 민감하므로 자극을 받으면 흥분하게 된다. 이와 같은 사람들은 타인의 평가에 따라 자기를 측정하기 때문이다. 그러므로 사람들의 눈치로만 살아가려고 한다.

참다운 긍지는 스스로 자기에 대하여 자랑스럽게 생각하는 것이다. 다른 사람에 대하여 자기를 자랑스럽게 생각하는 것은 참다운 의미의 긍지라고는 볼 수 없다.

일본에서 생활했던 동안 내가 느끼게 된 것은 일본에서는 '명예'라는 말이 사회적으로 높은 평가를 받는다는 의미로 치우쳐 사용되고 있다는 것이다. 영어로 honor 곧, '명예'라고 하면 자기에 대한 명예를 의미한다. 명예를 지니고 있는가 어떤가는 최종적으로 자기에 대한 문제이기 때문에 주위와는 아무런 관계가 없다. 긍지도 명예도 개인의 내면적 문제이다.

이와 같이 참다운 긍지를 가지며 명예를 존중하는 사람은 다른 사람으로부터 신뢰를 받게 된다.

대중에게는 용기가 없다. 대중은 흥분할 따름이다. 용기라든가 신념, 긍지는 개인에게만 생긴다. 일본 사람들은 너무나도 조직에 강하기 때문에 집단의 신조나 긍지를 가지고 있기는 하지만 일본이라는 딱지를 떼고 한 개인으로 돌아가면 아주 약하게 생각하는 사람이 적지 않다. 용기마저도 집단에 속해 있는 것같이 생각된다. 그래서 무엇인가 사정이 있어 회사를 그만두거나 정년이 되어 오래도록 근무한 회사를 떠나면 힘없는 빈 껍질 같은 인간이 되고 있다. 인간 부재(nor-person)인 것이다.

그러나 사실 이와 같은 사람은 본래 어느 조직체에 속해 있을 때부터도 인간 부재였다. 용기나 긍지를 잠시 동안 빌려 쓰고 있었던 것에 지나지 않았다. 결국 아름다움이란, 무엇이 아름다운가는 자기 자신이 결정할 수 밖에 없다.

긍지나 명예는 자기 자신에게 묻는 것이지 결코 남의 눈치로 해야리는 것은 아니다. 어디엔가 절대로 움직이지 않는 자기 설 자리를 가지고 있는 것이 인간의 존엄성을 밝히는 것이 된다.

균형에 대하여

"유대인은 금욕주의자가 아니다."라는 말은 매우 뜻깊은 말이다. 그것은 다시 말해서 유대인에게는 청빈이라는 개념이 없다고 말할 수 있다.

그러나 '젊어 고생은 사서 한다' 는 말이 있듯이 가난은 경우에 따라 유익할 수도 있다는 것이 일반적인 생각이다. 물론 이런 경우는 가난을 딛고 일어서서 성공했을 때의 경우를 말한다.

만일 그렇지 못할 경우에는 비참해진다. 그러나 젊었을 때의 가난의 체험은 성공의 실마리가 되는 절호의 기회를 잡을 수 있게 해준다. 가난으로부터 벗어나려는 충동만큼 강한 힘은 없다. 젊은 시절에 가난한 것은 감사해야 할 일이다.

그러나 중년이 되어서도 가난한 것은 불행한 일이다. 젊음은 원인이며 중년은 결과이기 때문이다. 젊은이는 이것을 깨달아야 할 것이다.

유대인은 돈이나 섹스를 더러운 것으로 생각지는 않는다. 아니, 오히려 인생에 도움이 되는 것이라고 생각하고 있다. 그래서 가난을 죄악이라든가 수치스러운 일로는 보지 않으나 미덕이라고도 생각하지 않는다. 부족하지 않은 상태가 좋다.

특히 빈곤은 인간의 행복에 있어서는 커다란 적이 된다. 나는 가난하지만 정신적으로 독립하고 있다고 생각하는 것은 매우 어려운 일이다.

성서에도 "지혜가 힘보다 낫지만 가난한 자의 지혜가 멸시를 받고 그 말이 받아들여지지 아니한다.(전도서 9장 16절)라고 씌어 있다. 성서 시대로부터 오늘날까지 인간 사회는 조금도 달라지지 않고 있다는 말이다.

그런데 유대인 사회에도 거지가 있었다라고 말하면 놀라는 사람이 있을지도 모른다. 그런데 실제 동유럽에는 마을이나 도시에 개인이든 집단이든 거지는 반드시 있었다. 그들을 '쉬노렐'이라 불렀는데 그들은 집집마다 찾아다니며 구걸하는 일 따위는 없었다.

그곳의 거지는 물론 하나의 직업이었으며 신의 허락을 받은 존재였다. 그들은 사람들의 선행(자비)의 대상이었던 셈이다.

쉬노렐 가운데에는 대단한 독서가도 많았는데 《탈무드》에도 환하게 통달한 자가 적지 않았다. 그들은 시나고그(유대인 교회당)의 단골이기도 하며 교우의 한 사람으로서 《토라》나 《탈무드》의 토론에도 참가했다.

이러한 이유 때문인지 《탈무드》에는 가난한 자를 변호하는 취지의 격언들도 엿보인다.

"가난하다고 해서 바보 취급해서는 안 된다. 그들 가운데 학문이 있는 사람도 많은 법이다."

"가난한 자를 업신여기지 말라. 그들의 셔츠 속에는 훌륭한 지혜의 진주가 숨겨져 있다."

갈릴리 바다의 비유

인간은 모든 것을 자신의 것으로 하려 해서는 안 되는 법이다. 사람들은 솔선하여 서로 나누어 가지려고 하는 자의 둘레에 모여들게 마련이다.

나누어 주는 일은 중요하다. 갈릴리 바다와 사해는 그러한 교훈을 우리에게 던져 준다.

사해는 바다 밑 392미터에 있는데, 오늘날에는 요양지로 각광받고 있다. 주위는 온통 사막으로 둘러싸여 있으며 그 건너편 언덕에는 요르단령이 있다. 사해의 물은 염분이 짙어, 사람이 물속에 들어가더라도 빠지는 일이 없다. 물의 비중이 무거워 몸이 떠오르고 만다. 사해의 물 속에는 물고기도 아무 생물도 살지 않는다.

그러나 갈릴리 바다는 담수로 물고기가 많이 살고 있다.

예수가 고기잡이를 한 곳으로 유명하며, 오늘날에는 '세인트 피터스피시(성 베드로의 물고기)'라는 외관은 그로테스크하지만 맛좋은 물고기가 명물로 등장하여 그것을 요리하는 몇 개의 레스토랑이

물가에 늘어서 있다. 바닷가에는 많은 나무들이 수면에 가지를 드리우고 새들이 모여 지저귀는 싱싱하고 아름다운 세계이다.

이 갈릴리 바다에 비해 사해에는 아무 생물도 살지 않는다. 주위에는 나무도 없고 새가 지저귀는 일도 없다. 사해 위에 떠도는 공기조차도 답답하게 느껴진다. 그리고 사막에 살고 있는 동물이 물을 마시러 나타나는 일도 없다. 그래서 옛 사람들은 '사해'라는 이름을 붙인 것 같다.

갈릴리 바다는 요단강에서 물을 끌어들이고 있다. 그러나 사해처럼 그냥 부지런히 모으기만 하지는 않는다. 갈릴리 바다는 요단강에서 받아들인 물을 또다시 사해로 내려보내지만 사해는 물이 흘러나갈 곳이 없다. 받아들이는 것은 모조리 제 것으로 해버리고 만다.

그래서 유대의 현인들은 갈릴리 바다는 받아들인 몫만큼을 다시 남에게 주니까 언제나 생기가 넘치지만 사해는 모든 것을 제 것으로 해버리고 다른 곳에 주는 일은 하지 않으니까 죽어 있다고 했다.

받기만 하고 주는 일이 없다는 평판을 받고 있는 사람들에게는 무언가 생각하게 하는 이야기가 아닐까. 우리들은 갈릴리 바다처럼 받은 만큼 꼭 줄 수 있는 인간이 되어야 할 것이다.

삶의 에센스

내가 뉴욕에서 고등학교에 다니고 있을 무렵 교사이던 한 랍비가 차고 있던 시계 뒷면에는 "시간을 소중히 하라."는 경구가 새겨져 있었다. 그는 언젠가 시계를 풀어 우리들에게 보여 주었다. 너무나도 낡은 방법이 아닐까 하고 많은 학생들이 생각했다.

그 랍비는 우리들이 그다지 감탄하는 표정을 보이지 않자 시계를 팔목에 다시 차고 다음과 같이 말했다.

"미국에는 '타임 이즈 머니'(시간은 돈이다)라는 속담이 있는데 나는 이것에는 큰 잘못이 있을 수 있다고 생각한다. 왜냐하면 이것은 중대한 오해를 불러일으키기 쉽기 때문이다. 만일 시간이 돈이라면 이러한 경우밖에 생각될 수 없다. 이것은 우선, 자신의 시간을 어떻게 쓰면 좋은가를 모르는 사람이 있거나 아니면 돈을 어떻게 쓰면 좋은가를 모르는 사람에게만 들어맞는 말일지도 모른다. 안타까운 일이다.

우선 시간은 돈보다 훨씬 귀중한 것이다. 왜냐하면 이 두 가지 것은 전혀 상관 관계가 없기 때문이다. 돈은 모을 수 있으나 시간은 모을 수 없다. 한번 잃어버린 시간은 되돌릴 수가 없다. 남에게 시간을 빌릴 수도 없다. 게다가 인생이라는 은행에 앞으로 얼마나 시간이 남아 있는지조차 알 수가 없다. 그러므로 '타임 이즈 머니'라는 말은 틀렸으며 '타임 이즈 라이프(시간은 인생이다)'라고 해야 한다."

이 말을 들은 우리 학생들은 모두 감탄했다. 《탈무드》에는 인간을 재는 데는 네 가지 척도가 있다고 씌어 있다. 돈, 술, 여자, 시간에 대한 태도가 그것이다. 그런데 이 네 가지에는 공통점이 있다. 매력적인 것이지만 도를 지나쳐서는 안 된다는 것이다.

그리고 또 그 랍비는 우리가 졸업하기 직전에 이렇게 말했다.

"소년은 부모가 생각하는 것보다 삼 년은 빨리 어른이 된다. 그리고 자신이 그렇게 되었다고 생각하는 이 년 뒤에 어른이 된다. 너희들도 그렇다."

이것은 함축성 있는 말이었다. 랍비는 이것이 《탈무드》에 나오는 말이라고 했다. 그리고 "인생에서 돈, 술, 여자, 시간은 도를 지나쳐서는 안 된다. 처음의 세 가지는 누구나 다 알고 있는 사실이다. 그러나 시간에 대해서는 그다지 주의하지 않는다. 사람들은 자신도 모르게 헛된 일에 시간을 낭비하기 쉽다."고 말하면서, "어른이 되거든 내가 이렇게 너희들에게 말한 것을 상기해 주기 바란다."라고 했다.

그 밖에 그는 다음과 같은 이야기도 했다.

어느 때 두 사나이가 악한에게 쫓겨 깊은 골짜기의 낭떠러지까지 왔다. 골짜기를 건너는 데에는 한 개의 밧줄이 매어져 있을 뿐이었다. 그래서 두 사람은 이 밧줄을 타고 건너기로 했다. 먼저 첫 번째 사나이가 곡예사처럼 재빨리 건넜다. 두 번째 사나이가 아래를 내려다보니 아슬아슬한 깊은 골짜기가 보였다. 그는 두 손을 입에다 대고 먼저 건넌 사나이에게 외쳤다.

"너는 어떻게 해서 그렇게도 멋지게 건넜지? 무슨 요령이라도 있나?"

첫 번째 사나이가 대답했다.

"이런 밧줄을 타고 건너는 것은 처음이었기 때문에 잘 몰랐지만 한쪽으로 기울어질 것 같은 때에는 다른 한쪽에 힘을 넣어 균형을 취했기 때문이겠지."

이것은 인생을 줄타기에 비유한 이야기다. 인생만큼 균형을 취해 살아가야 하는 것도 없다. 아마도 유대의 처세술의 에센스는 균형을 잡는 데 있을 것이다. 무슨 일이든 지나치거나 또 못 미치는 일이 없도록 적절히 해나가야 한다.

지나침은 생명을 앗아 간다.

항해 중에 배가 항로를 벗어나고 말았다. 강한 폭풍이 불어 며칠이나 정처없이 바다를 떠돈 끝에 이윽고 낯선 섬에 다다를 수 있었다. 섬에는 푸른 나무들이 우거지고 꽃이 만발하여 좋은 향기를 풍기고 있어 선원들을 유혹했다. 마침내 배의 승객은 다섯 그룹으로 갈라졌다.

첫째 그룹은, "우리는 배에서 떠나지 말자. 언제 좋은 바람이 불어올지 모른다. 바람만 불면 닻을 올리고 출발해야 할 것이다. 우리가 섬에 남겨져서는 안 된다. 그러므로 안전을 위해 배에서 내리는 것을 포기하자."고 말하며 배에 남았다.

둘째 그룹은 잠시 동안만 섬에 상륙하자고 했다. 그들은 상륙하자마자 꽃을 꺾으며 맛있는 과일을 먹고 적당한 시간에 돌아왔다.

셋째 그룹은 배에서 내리자 섬에서 충분히 즐겼다. 그리고 시간이 흐른다는 것을 잊어버렸다. 그러나 배가 닻을 감아 올리기 시작하는 것을 발견하자 서둘러 돌아왔다. 이 때문에 모처럼 지금까지 배 위에서 잡고 있던 좋은 자리를 잃고 불편한 곳에 앉지 않으면 안 되었다.

넷째 그룹은 섬에 남아, 너무나도 즐거움에 마음을 빼앗겨서 마침내 출발을 알리는 배의 종소리조차 듣지 못했다. 들었다 하더라도 아직 닻을 올릴 때까지는 좀더 시간이 있다고 생각하면서 최후의 순간까지 섬에서 즐기려고 했다.

시간이 좀더 흐른 후에 배가 정말로 움직일 것 같자 그들은 당황하여 정신없이 달려왔기 때문에 나무 사이를 지나다 상처를 입거나 아니면 넘어져서 부상을 입거나 했다. 항해가 끝날 때까지 그 상처가 아물지 않았다.

다섯째 그룹은 섬의 즐거움에 온통 마음을 빼앗긴 채 배가 떠나는 것도 모르고 정신을 잃고 섬에 남게 되어 마침내는 야수한테 물려 죽거나 아니면 병으로 쓰러지고 말았다.

이 이야기 속에서 배는 우리의 올바른 생활을 상징하고 있다. 배에는 목적지가 있다. 이 섬은 쾌락을 나타내고 있다.

랍비들은 첫째 그룹은 잘못되어 있다고 생각했다. 항해는 괴로운 것이므로 이와 같은 섬이 보이면 한때는 즐겨야 한다고 했다. 그러므로 둘째 그룹이 가장 중용이라고 생각했다. 왜냐하면 그들은 적당히 섬을 즐겼기 때문이다. 셋째, 넷째, 다섯째 그룹으로 갈수록 쾌락에 빠지고 말았다. 특히 다섯째 그룹은 자신의 장래에 대해서 완전히 잊고 있었기 때문에 영원히 망하고 말았다.

잡초도 필요할 때가 있다.

어느 한 농부가 정원의 잡초를 뜯고 있었다. 허리를 굽힌 얼굴에서는 땀방울이 뚝뚝 떨어졌다. "이 지긋지긋한 잡초만 없다면 정원이 좀더 깨끗해질 텐데, 어째서 신은 이와 같은 잡초를 만들었을까?" 하고 그는 혼자서 푸념을 했다.

그러자 이미 뽑혀 마당 한구석에 누워 있던 잡초가 농부에게 대답했다.

"당신은 나를 지긋지긋한 존재라고 말했지만 나도 할 말이 있다. 당신은 모르고 있지만 우리도 도움이 되고 있다. 우리는 뿌리를 흙 속에 뻗음으로써 흙을 다지고 있다. 그러니 우리를 뽑아 버리면 흙이 자주 갈라질 것이다. 우리는 또 비가 내렸을 때에는 흙이 떠내려 가는 것을 막아 준다. 또 건조한 시기에는 바람이 모래 먼지를 일으키는 것을 막아주고 있다. 그러므로 우리는 당신의 정원을 지켜온 셈이다. 만약 우리가 없었더라면 당신이 꽃을 가꾸려고 하더라도 비가 흙을 씻어내고 바람이 흙을 불어날렸을 것이다. 그러므로 꽃이 아름답게 피었을 때 우리의 수고를 기억해 주기 바란다."

농부는 이 말을 듣고 자세를 바로 하고 이마의 땀을 닦았다. 그리고 미소지었다. 그는 그 뒤로 잡초를 소홀히 하는 일이 없었다.

녹이 슨 것은 도움이 안 된다고 생각할지도 모른다. 그러나 그렇지 않다. 신의 창조 행위는 나날이 진전된다. 인간도 이런 창조 행위에 참가하고 있다. 자연 법칙에 따르면 우리는 매일 새로 태어난다. 지식에서 패션에 이르기까지 매일 변화하고 있다. 그러므로 세계는 창조 행위가 시시각각으로 진전되고 있다고 생각하는 것이 옳다. 이와 같은 창조적인 역할에 한몫 끼어들고 있다.

우선 창조를 위해서는 낡은 것을 부수지 않으면 안 된다. 새로운 것이 태어나는 드라마의 그늘에는 낡은 것이 썩어 가는 수가 있다.

녹이 슨다는 것은 낡은 것을 없애고 새로운 것을 낳을 준비를 하는 것이다. 만약 부수는 일이 없다면 세계는 잡동사니로 가득 차고 말 것이다.

인간에게서도 녹슨 것과 비슷한 현상을 볼 수 있다.

우리는 오래 전에 행해진 일을 잊기 때문에 모든 과거의 기억을 간직하지 않아도 된다. 그래야만 또 새로운 문제에 대해 분명히 생각할 수가 있다.

나이가 들면 이와 기억이 나빠진다고 하는데 신은 나이든 사람에게 편안함을 주기 위해 기억력을 약화시키고 부드러운 것만이 노인의 몸에 들어가도록 하기 위해 이를 약하게 한 게 틀림없다.

사람에게 가장 중요한 것은 모든 것을 감사하게 생각하는 일일 것이다. 감사하는 마음은 겸허한 태도에서 솟아나오는 법이다.

그리고 겸허해지면 자신의 시야도 크게 넓어진다.

여태까지 상대하지도 않았던 사람이나 무엇이 눈에 들어오게 될 것이다. 그리고 농부에게 말을 건 잡초와도 같이 저편에서 당신에게 접근해올 것이다.

우리는 모두 상인과 비슷한 존재이다. 허리를 굽신거리는 상인은 뻣뻣한 상인보다 고객이 많은 법이다. 그러나 비굴해져서는 안 된다. 상대의 마음에 들기 위해 무엇이든 좋으니까 허리를 굽신거린다는 뜻은 아니다.

겸허함은 긍지라는 우물에서 솟아나는 물이다. 그러므로 일단 상대가 전혀 도움되지 않는다고 판단된 이상 잘라 버려야 된다. 너그러운 마음은 끝이 없어도 시간에는 끝이 있다. 겸허함과 너그러움을 혼동해서는 안 될 것이다.

실패는 중요하다

유대인은 일찍이 패배한 날이나 굴욕의 날을 기념하는 매우 보기 드문 민족이다. 유대인은 종종 패배의 천재라고 일컬어져 왔다. 이런 말들이 나오게 된 까닭은 유대인은 패배를 기억하는 데서 힘이 생겨난다고 믿기 때문이다. 다른 민족은 승리한 날만 기념하고 실패한 날을 잊으려 노력한다. 그러나 실패를 잊어서는 안 된다. 왜냐하면 실패는 너무나도 귀중한 교훈이기 때문이다. 실패만큼 좋은 스승은 없다.

유대인의 축제일 가운데 가장 대대적인 것은 유월절 축제이다. 영어로는 '패스오버'라고 한다. 일찍이 유대인이 이집트에 노예로 사로잡혀 갔다가 해방되어 이스라엘 땅으로 되돌아온 날을 기념하는 날이다. 온 세계의 유대인 지역 사회는 이 날에 함께 모여 해방된 날을 축하한다.

유대인은 모세에게 인도되어 사막을 건너 이스라엘 땅까지 다다를 수 있었다. 아주 오래된 옛날의 일이지만 오늘날에도 유월절을 기념할 때, 그날 밤의 저녁 식사로 몇 가지 정해진 음식이 나온다. 이것은 민족이 한 번 받은 굴욕을 글자 그대로 맛본다는 의미를 가지고 있다.

유월절은 축제일이기도 하다. 그러나 유월절에는 이집트에 노예로 사로잡혀가 학대받고 모욕당한 그 체험을 마치 어제의 사건인 것처럼 이야기한다. 유월절에 식탁에는 씁쓰레한 나물이 나온다. 이와 같은 씁쓰레한 나물은 축하연의 테이블에는 어울리지 않는다. 또한 유대인은 이집트에서 노예 생활을 할 때 먹었던 맛소라는 맛없는 빵을 먹는다. 이것 또한 지난날의 패배의 쓰다쓴 맛을 맛보기 위해 내놓는 것이다.

그리고 이때에는 반드시 삶은 달걀이 나오고 마지막에 아라치라는 술을 마시게 된다. 이것은 최후의 승리를 의미한다.

이러한 음식들은 상직적인 의미를 갖고 있다. 그렇다면 어째서 삶은 달걀을 먹는 것일까. 그것은 다른 음식은 삶거나 끓이면 모두 부드러워지지만 달걀은 삶으면 삶을수록 딱딱해진다. 어려움은 당할수록 패배를 거듭할수록 강해진다고 하는 의미가 담겨져 있다. 인간도 그렇지 않으면 안 된다는 것이다.

어떻게 행동하면 좋은가라는 것을 배우는 데에는 실제의 행동을 통해서 배우는 것이 가장 효과적이다. 인생에서는 성공하는 수도 있지만 실패하는 수도 있다.

성공한 것만을 기억하고 있는 사람은 또다시 실패한다. 성공은 사람을 방심케 하고 안심시킨다. 모처럼 배운 것을 잊어버려서는 안 될 것이다. 인간은 스스로의 체험을 통해 배우는 것이라고 하겠고 그래서 그것은 미래라는 공간에 성공을 불러들여야 할 것이다. 미래에서 실패를 없애지 않으면 안 된다.

실패의 체험을 기억해 두는 것은 대단히 중요한 일이다. 우리는 괴로울 때에는 지난날의 즐거웠던 일을 회상하지만 즐거울 때에는 괴로웠던 일을 잊어버리기 쉽다. 유대인 사업가 가운데에는 사무실에 일찍이 실패하여 혼이 났을 때의 계약서를 장식해 놓고 있는 사람들도 있다.

배우는 일은 고통이 따르게 마련이다. 고통을 잊지 않는 것도 배우는 것이다. 실패를 잊고자 하는 것은 인간의 본성이다. 그러므로 실패는 그것이 혼이 난 것이라면 그럴수록, 늘 잊지 않도록 노력하지 않으면 안 된다.

남자와 여자

유대인은 부계 사회를 이어 왔다고 한다. 이것은 확실히 옳다. 유대인 가정에서는 아버지가 가장 권위를 가진다. 그렇다고 해서 여자가 소홀히 다루어져온 것은 아니다.

하나님의 십계에서는 남녀가 평등하게 다루어지고 있다. 이스라엘을 이집트로부터 해방시킨 것은 미리암이었으며 고대 유대의 독립 영웅으로서 데보라가 추앙되고 있다. 성서의 잠언 속에는 여성이나 어머니가 찬양되고 있다.

히브리 어에서 가장 높은 가치가 있는 말에 '라하말라트' 라는 것이 있는데 이것은 '모성애' 라는 뜻이다.

또 유대인 사회에서는 남자가 독립하여 아내를 맞아들이지 않는 한 어른으로서 인정하지 않는다. 이상적인 남자는 남성의 굳셈과 여성의 상냥함을 고루 갖춘 사람이라고 한다.

《탈무드》에는 다음과 같은 아름다운 말이 씌어 있다.

"당신의 아내를 당신 자신을 사랑하듯이 사랑하고 소중하게 지키십시오. 여자를 울려서는 안 됩니다. 하나님께서는 그녀의 눈물을 한 방울씩 헤아릴 것입니다."

여성은 유대의 전통 속에서는 존중되어진다.

이를테면 매주 금요일의 사바스 만찬 때에는 가족이 모두 모여 식사를 하게 되는데 남편은 다음과 같은 아내를 찬양하는 노래를 부르게 되어 있다.

"당신은 강인함과 상냥함을 가지고 있다. 당신의 입을 열면 지혜로운 말이 나온다. 신이 당신을 축복해서 당신의 자식을 지켜주듯이."

이 노래가 끝난 뒤에 아내는 초에 불을 켠다. 또《탈무드》에는 만약 남녀 고아가 있다면 우선 여자아이로부터 구하라고 되어 있다.

사내아이는 구걸을 해도 좋으나, 여자아이가 그렇게 하는 것은 허용되지 않는다고 가르치고 있다. 유대인 사회에서는 아내를 때리는 것이 가장 수치스러운 일로 되어 있다. 그러나 유대인 사회 이외에서는 그렇지 않다. 중세의 가톨릭 교회법에는 아내를 때리는 일이 필요하다면 허용되고 있었다.

영국에서는 15세기 끝무렵까지 아내를 때리는 일이 법에 의해 보호되었고, 19세기에는 아내를 파는 것도 허용되었다. 이것은 토마스 하디의 《캐스터브리지의 시장》을 읽으면 알 수 있다.

다른 문화권에서는 아내를 때린다는 것은 비가 내리듯 자연스러운 것으로 되어 있다. 그러나 유대인 사회에서는 고대법 시기부터 아내를 때리는 자에 대해서는 엄한 벌이 주어지게 되어 있었다. 또 아내가 고소를 제기 하면 이혼이 성립될 수 있었으며 남편에게서 위자료를 받아낼 수도 있었다.

유럽에는 "유대인이 굶주릴 때 그는 노래를 부른다. 기독교도가 굶주릴 때는 아내를 때린다."고 하는 옛 속담이 있다.

이브는 아담이 잠들어 있는 동안 하나님께서 그 갈비뼈 가운데 한 개를 떼어내어 만든 것이라고 창세기에는 씌어 있는데, 고대의 랍비들은 어째서 남자가 여자를 찾고 여자가 남자를 사모하는가를 다음과 같이 설명했다.

남자는 자신의 잃어버린 갈비뼈를 되찾고 여자는 자신이 태어난 남자의 가슴으로 돌아가려고 한다. 이런 힘이 서로 작용하여 남녀가 맺어진다.

최근에 이르러서야 비로소 미국에서 남편에 의해 강간당한 아내가 재판에서 승소한 사건이 일어났는데 이와 같은 일은 유대에서는 고대법 시기부터 존재하고 있었다. 요컨대 남편은 아내가 기분내키지 않을 때 관계를 강요할 수 없다는 것이다. 이른바 '남편의 강간

죄' 라는 것이 일찍부터 유대의 율법 속에는 존재하고 있었다.

마이모니데스는 "여자는 자신의 의사에 반해 남자의 의지에 강제 당할 수 없다."고 쓰고 있다.

유대인 사회에서는 이혼율이 매우 낮다. 그것은 유대인 남자가 여자를 소중히 하는 전통에서 비롯된 것이다.

이를테면 유대인 남편은 아내를 강간해서는 안 될 뿐만 아니라, 만약 관계를 맺을 때에도 충분히 긴 시간을 들여 전희를 베풀지 않으면 안 된다. 자기 혼자서 절정에 이르는 것은 금지되어 있다.

하지만 유대인의 전통 속에도 남자를 우대하는 면이 상당히 강하다. 특히 교육면에 있어서 모든 사내아이는 6살이 되기까지 성서를 읽어야만 했으나 여자아이는 반드시 그렇지 않았다. 그러나 여성이 교육을 받는 것을 금하고 있지는 않았다.

이를테면 로마의 유대인 사회에서는 1475년에 이미 '탈무드 토라(학교)' 가 여성 교육을 위해 존재하고 있었다. 그러므로 같은 시대의 다른 여성들에 비하면 교육 수준이 높았다고 할 수 있다.

전후 이스라엘에서 세계 어느 나라보다 앞서 고다 메이어 같은 여자 수상이 나왔다는 사실을 봐도 알 수 있다. 그러나 동시에 유대인 여자들은 남자들이 공부하는 것을 돕고 남편의 사업이 성공하도록 도우며 육아와 가사에 힘을 기울이는 것을 소중히 여기고 있다.

창세기에 남자의 갈비뼈에서 여자가 생겨났다는 이야기는 결코 유대인만의 이야기가 아니다. 폴리네시아 인, 미얀마 인, 시베리아 인, 타타르 인, 또는 리포니아 주의 유키 사리난 인디언 등에도 공통되는 전설이 있다.

그렇지만 어떤 문화 인류학자는 "남자의 갈비뼈로 여자를 만들었다."는 이와 같은 전설은 기독교 선교사가 《구약성서》에 나오는 이야기를 포교하는 동안에 그들의 전설 속에 스며들고 말았다고도 주장하고 있다.

　어쨌든 남자에게 여자는 영원한 수수께끼이다. 여자만큼 다루기 어려운 것은 남자에게 존재하지 않을 것이다.

　《미드라슈》에는 다음과 같은 이야기가 실려 있다.

　알렉산더 대왕이 여성들만 살고 있는 도시에 찾아와 그 도시를 빼앗으려 했다. 그러자 여자들이 나와 이렇게 말했다.

　"만약 대왕이 우리 모두를 죽인다면 세계는 당신에게 이렇게 말할 것입니다." '대왕은 여자를 죽였다.' 만약 우리가 당신을 죽였다면 세계는 또 이렇게 말할 것입니다. '무슨 대왕이 저럴까! 여자에게 죽임을 당했다.' 라고."

　이 정도가 되면 남자는 입장이 난처해지지 않을 수 없다.

　성서에도 남녀간의 애정에 대하여 다음과 같은 말이 실려 있다.

　"다투기를 좋아하는 여자와 함께 집에 있기보다는 지붕의 한 구석 밑에 사는 편이 좋다."

　"좋은 아내는 남편에게 왕관과도 같은 것이지만 나쁜 아내는 남편의 뼈를 썩게 한다."

질투는 사랑의 불

여자는 질투심이 강하다. 사랑은 맹목적이라고 하지만 질투야말로 맹목적이다. 그래서 유럽의 속담에 "질투는 천리안을 가진다."는 말이 있을 정도다. 그런데 여자의 질투도 어쩔 도리가 없지만 남자의 질투도 대단한 것이다.

잠깐 여기서 숨을 돌리기로 하자. 고대로부터 유대인에게 전해지고 있는 수수께끼에 다음과 같은 것이 있다.

"랍비, 당신은 모든 것을 알고 있다. 그러므로 만약 아담이 낙원에서 외박하고 이튿날 아침에 온다면 이브가 어떻게 해야 할지 가르쳐 주십시오."

이 경우 낙원에서는 아담과 이브 단 둘이만 살고 있었으므로 해답은 "이브는 아담의 갈비뼈의 수를 헤아린다."이다.

이브는 아담의 갈비뼈로 만들어졌으니까 만약 갈비뼈가 빠져 있다면 또 한 사람의 여자가 있는 셈이 된다.

하긴 질투에 미쳐도 이 정도의 합리성이 있으면 이것은 벌써 대단한 것이다.

"연애는 맹목적이나, 질투는 맹목적이기보다는 죄악이다. 보이지 않는 것까지 보고 만다."라는 속담도 있다.

질투만큼 무서운 것도 없을 것이다.

성서의 잠언은 "증오는 무자비한 것이며, 노여움은 세찬 물결과도 같다. 그러나 누가 질투에 견딜 수 있으랴."하고 가르치고 있다.

질투는 보이지 않는 것까지 보았다고 여기게 한다. 꼬리에 꼬리를 물어 망상을 낳는다. 성서의 창세기는 인간은 신이 먹지 못하도록 금한 금단의 나무 열매를 딴 것에서 인간의 불행이 시작되었다고 써놓고 있다. 이 금단의 나무 열매는 실은 지식이 나무에 열려 있었던 것이었다. 요컨대 인간은 지식을 갖게 됨으로써 불행해진다는 것을 경고하는 말이다.

어설프게 안다는 것은 무서운 일이다. 어설프게 안다는 것은 망상의 방아쇠가 되고 만다.

그리하여 "질투에 미친 마음은 뼈까지 썩게 하고 만다." 벌써 이렇게 되면, "노여움은 끝없는 홍수와도 같이 넘쳐 나와서 억누를 방법이 없어지고 만다."는 결과가 된다.

그러나 서로 사랑하는 두 사람에게는 질투도 애정의 바로미터가 되는 것을 잊어서는 안 된다.

질투의 불꽃도 꺼지고 말면 이별의 날이 가깝다는 것을 알아야 할 것이다.

결혼 항해술

조용하지만 중요한 변화가 미국 사회에 일어나고 있다. 이것은 하나의 혁명이라고 할 수 있을지도 모른다.

젊은 나이에 결혼하는 조혼 현상이 무척 늘어났다는 사실이다.

그것을 우습게 생각하는 사람이 있을지도 모르나 불과 30년 전, 나의 청년 시대에는 대학생도 대학원 학생도 결혼한 사람은 정말

드물었다. 일찍 결혼하는 것은 신기한 일로 여겨졌다.

이런 극적인 변화는 어떻게 해서 일어났는가는 사회학자들이 분석하고 있으나, 조혼은 행복감이나 안정감 따위에 커다란 영향을 미치고 있는 것 같다.

나는 조혼이 바람직하다든가 바람직하지 않다든가 하는 문제에는 별로 관심이 없다. 다만 사실로서 받아들일 뿐이다. 그러나 조혼이 빚어내는 결과에 대해서는 대단히 관심을 기울이고 있는 게 사실이다.

우선 내가 걱정하는 것은 젊은이들이 상대를 선택할 때 몇 가지 중요한 선택 요건을 염두에 두지 않는 일이 많다는 것이다.

이를테면 어떠한 성장 과정을 거쳤는가, 어떤 취미를 가지고 있는가, 종교를 포함하여 어떤 사고 방식을 가지고 있는가 하는 것들이다. 확실히 연애는 맹목적이라는 말이 있다. 그러나 이 모든 것을 사랑이 극복한다고 믿어 버리면 큰 실수를 저지르고 말 것이다.

두 사람의 사랑이 뜨겁게 타올랐을 때는 제3자로서는 아무리 보아도 원만하게 갈 것 같지 않아도 두 당사자의 눈에는 함정이 전혀 보이지 않는다. 서로 참고 견디면 행복한 결혼 생활을 할 수 있을 것으로 속단하고 마는 법이다. 그러나 그 결과는 어떻게 될 것인가? 조혼이 실패로 끝나는 예는 놀랄 만큼 많다. 당신의 주위를 보아도 이러한 예가 의외로 많다는 사실을 알 수 있을 것이다.

그런데 사람들은 결혼만 하면 모든 문제가 해결되었다고 생각하기 쉽다. 그러나 실제로 문제는 조금도 해결되지 않는다. 해결되기는커녕 새로운 문제가 발생하고 만다.

나의 생각으로는 결혼 뒤 이삼 년이 제일 어려운 고비일 것 같다. 이 시기가 지나면 결혼의 안정성도 만족감도 해마다 커져 간다. 나는 여기서 결혼이라는 항해에 뒤얽히는 몇 가지 예를 들어 여러분이 잘 항해할 수 있도록 돕고자 한다.

첫째로 중요한 것은 상대를 충분히 이해하는 일이다. 로맨틱한 연애 중에 상대를 선택했을 경우에는 결혼이 오래 계속되지 못하는 일이 많다. 냉정한 현실 감각을 가지지 않았기 때문이다.

냉정한 현실 감각이야말로 기본적인 요건이라고도 할 수 있다. 이를테면 결혼한 뒤에야 비로소 상대의 거짓 없는 성격이나 기질을 알 수 있다.

결혼 전에는 사랑에 열중해 상대를 보아도 초점에서 벗어나는 경우가 적지 않다.

나는 몇 번이나 젊은 부부가, "이런 사람하고 결혼할 작정은 아니었는데." 하고 탄식하는 소리를 들었다. 이것은 어처구니없는 실수다. 결혼했다고 해서 인간의 기본적인 성격이 달라지는 것은 아니다. 상대의 마음을 미리 읽어내지 못했을 뿐이다.

이 단계가 결혼에의 첫 번째 도전이라고 할 수 있다. 겨우 서로가 잘 보이게 된 것이다. 상대가 잘 보이게 되었다는 것은 바꿔 말해 상대도 이쪽이 잘 보이게 되었음을 의미한다.

또 육체적으로 상대를 충분히 알았을 때에는 정신적, 심리적으로도 잘 안다고 할 수 있을 것이다.

연애 중에는 서로가 겉모양을 되도록 좋게 보이려고 노력한다. 누가 데이트에 나설 때 수염도 깎지 않고 나서겠는가? 또 여자들은 옷이나 머리나 얼굴에 최대로 모양을 내고 데이트에 대비할 것이 틀림없다. 그런데 일단 결혼하고 나면 이젠 그런 것에는 관심이 없고 있는 그대로의 자기 모습을 드러낼 것이다.

확실히 두 사람의 사랑은 처음에는 불꽃과도 같이 타오르기부터 시작한다. 그러나 결혼은 이러한 충동적인 감정만으로는 유지될 수 없다. 일생 생활에서의 행동이나 말이나 몸짓의 연속이다.

전혀 하잘것 없는 것 같은 것도 있으며 깊은 의미를 가지는 것도 있다. 그러므로 결혼하고 나서 일어날 만한 사태를 꿰뚫어보고 이해할 필요가 있는 것이다.

나는 상대방을 진정으로 이해하기 위해서는 서로를 수용해 긍정적으로 생각하는 일이 중요하다고 말하고 싶다.

여기서 수용과 긍정이라는 말을 설명하지 않으면 안 되겠다. 개인에게 심리적으로 가장 중요하고 유일한 것은 그 남자 또는 그 여자가 자신의 일생에서 최대의 가치가 있다는 생각이다.

다른 경우에도 말할 수 있으나 결혼한 두 사람에게 있어서는 서로의 수용과 긍정은 단 한 번의 행위로는 나타나지 않는다. 결혼한 사람, 특히 행복한 결혼 생활을 하고 있는 사람은 서로에게 몇 번이나 되풀이해 "두 유 러브 미"하고 묻는다. 그리고 긍정의 대답을 기다린다. 이것이 구미에서의 일반적인 형태의 결혼이라고 할 수 있다.

그렇다고 해서 나는 두 사람이 즐겁고 흡족한 결혼 생활을 하기 위해서 늘 긴장된 관계를 가지라고 주장할 생각은 없다. 오히려 두 사람이 서로 마주 보고 서로 이야기로 서로의 위로와 감사를 나타내도록 하라고 권하고 싶다. 그렇게 해서 권태나 절망의 나락에 떨어지지 않으면 두 사람의 사랑은 훌륭하게 열매를 맺게 될 것이다.

아무리 두 사람 사이가 굳게 맺어져 있는 것같이 보여도 역시 일상 생활 속에는 갈등이나 오해가 반드시 생길 것이다. 그러할 때에는 결혼이 시련을 겪고 있다고 생각하면 된다.

두 사람이 솔직하게 서로 이야기할 수 있고 노여움의 장벽을 넘어설 수 있으면 이러한 결혼에의 시련은 순조롭게 극복할 수 있다. 파탄은 갑자기 찾아오는 것은 아니다. 서서히 찾아든다. 젊은 사람들의 결혼이 결과적으로 실패로 끝나는 것은 대부분의 경우 예상치 않았던 사태가 차례차례로 나타나 그 충격을 견뎌낼 수 없기 때문이다. 그러므로 정신적으로 충분히 대처할 수 있게 될 때까지 결혼은 신중히 하는 편이 좋겠다.

이것은 반드시 미국의 젊은이들만을 위한 충고는 아니다. 모든 젊은이들도 꼭 귀담아 들어주기 바란다.

《탈무드》도 "어차피 헤어질 바에야 결혼하고 나서보다 약혼 중에 헤어지는 편이 낫다. 생활의 안정도 얻지 못하면서 결혼하는 것은 어리석은 짓이다. 허니문은 일 개월, 트러블은 평생."이라는 명언을 남겨 주고 있으니까.

웃음과 기지

유머는 인간이 갖추고 있는 힘 가운데 가장 강력한 것 중의 하나다. 그런데 일본 사람의 웃음은 아무래도 상대방의 기분을 맞추기 위해서 사교적으로 웃는 경우가 많으며 정말로 즐겁게 느껴 웃는 경우가 적은 것 같다. 이것이 해외에서 '제패니즈 스마일'이라는 말을 표현되고 있다.

구미인들은 이런 식으로 웃는 법이 없었기 때문에 일본 사람은 이상야릇한 미소를 띠는 것으로 되어 버렸다. 또는 일본 사람들은 무엇을 속이기 위해 웃는 일도 많다. 하긴 웃음에는 이러한 기능이 있어도 좋은지 모른다. 그렇지만 좀더 마음으로부터 웃을 수는 없을까.

아무래도 일본에서는 웃음이 정당한 대우를 받지 못하고 있는 것 같다.

강인한 정신을 몸에 익히기 위해서는 좀더 웃음을 자기 것으로 해야 한다고 생각한다.

일본에서는 유머를 흔히 진지하지 못하다고 하여 멀리한다. 예를 들어 진지한 회의석상에서 유머를 쓴다는 것은 그 장소에 어울리지 않는다고 생각하고 있다.

웃음은 백약 가운데 으뜸가는 약이라고도 말한다. 괴로울 때는 마음을 달래준다. 싱싱한 웃음은 즐겁다. 그렇지만 웃음이 간직하고 있는 힘은 이런 것뿐만이 아니다. 알맞게 사용만 하면 인간이 태어났을 때부터 갖추고 있는 강력한 무기가 될 것이다.

유머가 왜 우스운가 하면 규격에서 벗어났기 때문이다. 그렇지만 유머에는 그 이상의 힘이 있다. 규격에서 벗어난다는 것은 그만큼 여유가 있다는 것을 나타내고 있다. 여유가 있기 때문에 유머라는 놀이를 할 수 있는 것이다.

처칠은 유머에 넘쳐 있었다. 그 때문에 위기를 극복한 위대한 재상으로서 영국을 승리로 이끌 수 있었다.

유머는 그 자리를 명랑하게 해준다. 어쩌면 블랙 유머라면 그 자리를 우울하게 할는지도 모른다. 그러나 그것은 그것으로도 좋다. 우습기 때문에 사람의 마음을 풀어 준다.

현명한 사람은 어떠한 상황에 놓여 있더라도 여유를 가질 수 있다. 게다가 수준 높은 유머는 지성에서 나온다. 정말로 세련된 유머, 때와 장소에 맞는 유머는 지적으로 세련된 사람만이 능히 할 수 있다. 그리고 받아들이는 사람도 지성이 갖추어져 있지 않으면 안 된다.

또한 유머는 극히 독창적이다. 똑같은 것을 두 번 되풀이해서 말하게 되면 이미 호소력이 떨어진다. 듣는 사람을 기습하는 듯한 신선한 것이 필요하다.

유머 정신이 있는 사람은 자기 자신을 웃게 할 수도 있다. 정말로 다급한 상황에 몰리면 대부분의 사람은 유머를 하지 못한다. 그러나 위기에 처해 있을 때의 유머야말로 자기가 한 순간만이라도 현장에서 한 걸음 물러나 객관적으로 바라보고 웃을 수 있는 사람이라고 하는 강한 점을 보여 주는 것이 된다. 정말로 절박한 상황에 몰려 겁먹고 있는 사람한테는 여유가 생겨나지 않는다. 침착한 정신이 유머를 낳는다. 어떠한 위기에서도 거기서 한 걸음 물러나 바라볼 수 있는 사람은 좋은 해결책을 생각해내는 경우가 많을 것이다.

유머는 냉정을 잃지 않게 하는 약이다. 머리에 피가 완전히 올라버린 사람한테는 유머도 웃음도 기대할 수 없다. 따라서 유머의 효용은 매우 크다고 할 수 있다.

유대인들은 웃음을 늘 소중히 해왔다. 유대인들은 곧잘 '책의 민족'이란 말을 듣는 것처럼 '웃음의 민족'으로도 일컬어져 왔다. 5,000년의 역사를 통해 그렇듯 가혹한 박해를 받고서도 끈길기게 살아남은 것은 웃음의 효용을 알고 있었기 때문일 것이다. 아무리 절박한 상황에 몰려도 유대인들은 그것을 웃음으로 중화해갔다. 또한 자신들에 대해서도 충분히 웃을 수 있었다. 즐거운 때는 물론이고 괴로운 때도 인간은 오히려 웃어야 한다.

다른 민족은 농담을 그다지 귀중하게 여기지 않는다. 농담은 일시적인 기분 전환을 하는 것으로 생각되기 때문이다. 따라서 기호품 정도로밖에 여기지 않았다. 아마 동양에서도 그럴 것이다.

그러나 유대인들은 웃음을 주식으로 생각한다. 히브리 어에서는 지혜와 농담을 똑같이 '호프마'라는 말로 표현하고 있다.

로스차일드는 런던에서 영국 황실의 마음에 들게 되어 재산을 모아 으뜸가는 부호가 되었는데 그 비결의 하나로 농담을 사용하였다는 것은 유명한 이야기이다. 그는 유럽 대륙에서 가장 새로운 농담을 발이 빠른 말과 범선을 이용해 주워 모았다. 새로 도착한 농담을 소개함으로써 궁중에서 인기를 얻어 성공할 수 있었던 것이다.

조크가 어째서 우스운가. 하나의 예를 들어보기로 한다.

히틀러가 점성가한테 다음과 같은 내용을 의논하였다. 히틀러는 독재자로서 암살을 극도로 두려워했다. 그러자 점성가는, "당신은 유대인의 축제일에 암살된다."고 말하였다. 히틀러는 즉각 SS(친위대)의 사령관을 불러, "앞으로 유대인의 축제일에는 경비를 지금의 이십 배 아니 오십 배로 하라."고 명령하였다. 그러자 점성가가, "아닙니다. 그것은 도움이 되지 못합니다. 당신이 암살당한 날이 유대인한테는 축제일이 될 테니까요."하고 말했다.

이러한 농담이 어째서 우스운가 하면 그것은 모든 농담에 공통되고 있는 의외성이 있다는 점에서다. 우리는 틀에 박힌 생활을 하고 있으므로 의외성이 있는 사건이나 이야기에 부딪치게 되면 무의식 중에 웃게 된다.

그러나 웃음은 반항적인 것이기도 하다. 어떤 일에 빠져 버리면 웃을 수 없는 법이다. 유대인들은 늘 권위를 의심하는 것이 중요하다는 가르침을 받으며 성장해 왔다. 권위를 의심하는 것은 유대인의 힘이 되어 왔다. 프로이드, 아인슈타인이 새로운 학설을 발견한 것은 그때까지의 학설의 권위를 의심했기 때문이다. 그리고 그들의 학설에는 의외성이 있었다.

조크나 유머는 창조력을 기르기 위해 훌륭한 훈련이 된다. 따라서 유대인들은 그들의 자녀에게 어릴 때부터 웃음이 지니고 있는 힘에 대해서 가르치고 있다. 불굴, 의외성, 저항 정신을 몸에 익히도록 하는 것이다. 유대인한테서 성서를 빼앗아 버리면 유대인이 아닌 것이 된다. 이와 마찬가지로 유대인한테서 웃음을 빼앗아 버리면 유대인이 아닌 결과로 되어 버린다.

어쨌든 대상을 객관화함으로써 조크나 유머는 태어난다. 비판 정신이 없는 것은 정말로 효과적인 조크나 유머가 될 수 없다. 소비에트의 반체제파에 긴즈부르그 등의 유대인 계가 많은 것이나 미국의 현대작가 가운데 유대인 계 작가(필립 로스, 노먼 메일러 등 다수)가

중심적인 위치를 차지하는 것도 이렇듯 유대인에게는 그들 특유의 비판 정신이 몸에 배어 있기 때문이다.

유대인은 조크 민족

인간의 값어치는 비밀을 어느 정도로 지킬 수 있는가에 따라 측정된다. 그 사람이 얼마나 사려가 깊고 신뢰성이 있는가도 시험할 수 있다.

일단 비밀을 갖게 되면 누구나 그것을 이야기하고 싶은 충동을 느끼는 것이 인간의 심리이다. 비밀을 알고 있음으로해서 사람들의 눈길을 끌 수가 있다. 누구나 비밀을 좋아하고 누구나 사람들의 눈길을 끌고 싶어한다.

비밀을 말할 때 사람은 타인의 관심을 모을 수 있으므로 위대해 보인다. 그렇지만 남이 말해준 비밀을 또 다른 사람에게 이야기한다는 것은 털어놓은 상대를 믿는 것처럼 행동해도 사실은 비밀을 밝혀준 상대방의 신뢰를 배반하는 결과로 된다.

랍비, 이븐 가비로는 "비밀이 당신의 손 안에 있는 한 당신이 비밀의 주인이지만 일단 입 밖으로 나가버린 뒤에는 당신이 비밀의 노예가 된다."고 말하였다.

비밀에 대해 경계할 말 가운데서 내가 가장 좋아하는 것은, "비밀이라는 술을 마시게 되면 혀가 춤을 추기 때문에 주의해야 한다."라는 말이다.

유대인은 기지나 재치를 존중한다. 아마 그 어떤 민족보다도 존중할지도 모른다. 그렇기 때문에 유대인들은 조크라든가 수수께끼 같은 것을 소중히 해왔다. 조크 같은 것은 머리를 갈아주는 숫돌이라고 생각해 왔다. 그것은 의외성이 있기 때문이다.

그리하여 어린이가 사물에 대해 어느 정도 깨닫게 되면 저녁 식사 자리에서 아버지가 여러 가지 수수께끼를 내놓는다. 그리고 성인이 되면 서로 조크를 나눈다.

조크는 웃음만을 가져다 주는 게 아니다. 의외로 정반대성이 있으므로 머리의 활동을 좋게 한다. 유머는 머리라고 하는 기계에 쳐주는 기름이라고 생각하면 된다. 그래서 유대인은 작은 이야기라든가 조크를 특별히 좋아해 왔다.

어리석음에 대한 충고

자만심만큼 꼴불견은 없다.

유대인의 오랜 속담 가운데 '해는 당신이 없어도 솟아오르며 또한 진다' 는 말이 있다.

인간은 자만하게 되면 겸허를 잃는다. 자신을 개선하려는 마음을 잃게 된다.

자만하게 되면 실수를 저지르기 쉽다. 그러나 《탈무드》는 자만심을 죄로 규정하지 않았다. 자만은 어리석음이라고 규정했다.

또한 지나친 자기 혐오도 자만의 일종이다. 지나친 자기 혐오는 자기 자신을 세계의 중심으로 보는 착각에서 비롯되기 때문이다. 그것은 자기 자랑을 뒤집어 놓은 것과 같다.

자기가 자기 자신만으로 채워져 있다고 생각하는 마음속에는 하나님이 살 장소가 없다고 한다.

남을 칭찬하기 전에 자기를 칭찬해서는 안 된다.

이와 같이 자만심을 타이를 때 유대인은 어린이에게 성서의 창세기를 가르친다. 창세기에서는 인간이 맨 마지막으로 만들어진다.

처음에 하나님은 빛과 어둠을 나누어 창조하셨고 이어 하늘과 땅을 다시 물과 육지를 나누어 창조하셨다. 그 다음으로 동물을 만들었으며 맨 마지막으로 사람을 만드셨다. 따라서 인간보다 벼룩이 먼저 창조되었다. 그러니 인간이 잘난 체할 일이 없다는 이야기다.

자랑과 자만은 분명히 구분되어야 한다. 자랑은 건전한 것이지만 자만은 병이며 어리석은 짓이다.

자기가 자기를 칭찬하기에 앞서 남한테 칭찬받는 인간이 되지 않으면 안 될 것이다.

고대 유대 사회의 이에시바(학교)에서는 1학년생이 현자라고 불렸다. 2학년생은 철학자라고 불렸다. 그리하여 마지막 학년인 3학년생이 되어서야 비로소 학생이라 불렸다고 한다.

이 이야기는 겸허하게 사람들한테 배우는 사람이 가장 지위가 높으며 학생이 되려면 몇 년 동안 수업을 쌓아야 한다고 생각했기 때문이다. 즉 인간은 학생이 되는 것이 최종적인 목표라고 생각하였다.

이 이야기는 오늘날에도 이에시바에 들어오는 학생들한테 가르치고 있다. 모든 학생들에게 참고가 되는 이야기일 것이다.

이렇듯 엄격할 정도의 겸허함에 대해 《탈무드》는 현인이라 하더라도 지식을 자랑하는 자는 무지를 부끄러워하는 바보보다 못하다고 경계하였으며, 스스로 잘난 체하는 위험에 대해서는 "돈은 자만심의 지름길, 자만심은 죄악의 지름길"이라고 경고하고 있다.

일본에도 "뛰어난 경영자는 많은 것을 가지고 있으면서도 아무것도 없는 것처럼 보인다."라는 명언이 있는데 자기가 가지고 있는 것을 남에게 자랑하지 않는 것이 현명하다는 것은 새삼 말할 여지가 없다.

어리석음에 대한 교훈

다음은 인간의 어리석음을 전하는 이야기이다.

체르므라는 마을이 있었다. 이 마을은 어디서나 흔히 볼 수 있는 작고 아담한 마을이었다. 그러나 이 마을은 어려운 문제를 하나안고 있었다.

이 체르므에 이르는 길은 험한 절벽으로 이어진 가늘고 꾸불꾸불하고 위험한 길이었다. 마을 사람이 잇따라 절벽으로 떨어져 부상을 입었다. 이 점은 마을 사람들의 크나큰 고통거리였다.

어부가 이 길에서 떨어져 생선을 운반할 수 없게 되었을 때는 이 마을에 심각한 문제를 안겨다 주었다. 또한 우편배달부가 발을 헛디뎌 편지를 잃었을 때에도 마을의 큰 문제가 되었다. 이윽고 우유

배달원이 갓 태어난 아기한테 먹일 우유를 절벽으로 엎질러 버리는 사건이 일어났을 때에는 마침내 마을의 장로들이 모여 대책을 세우기로 하였다. 이런 일이 계속된다면 마을은 폐허가 될 것이기 때문이다.

어쨌든 뭔가 손을 쓰지 않으면 안 되었다. 장로들은 모여서 머리를 짜내기 시작했다. 이것저것 많은 의견들이 쏟아져나왔다. 밤낮에 걸쳐 토론한 결과 사바스의 방문일이 가까워졌을 무렵에야 사람들은 가까스로 결론에 이르렀다.

독자 여러분은 어떠한 결론이 나왔으리라고 생각하는가?

장로들은 절벽 밑에다 병원을 짓기로 했다.

이 이야기는 아무리 오랜 시간 토론해 봤자 부질없는 의논을 계속하는 한 유익한 대응책이 나오지 않는다는 것을 가르치고 있다. 병원을 만들어 봤자 여전히 생선장수나 우편배달부는 똑같은 실패를 거듭할 테니까.

유대인의 격언 속에는 어리석은 자나 어리석음을 테마로 한 것이 많다. 그러나 그것들은 신랄하게 웃어 넘길 수 있는 성격의 것은 없고 흐뭇하고 정다움을 느끼게 하는 것이 특색이다.

"어리석은 자는 한 시간에 현자가 일 년 걸려서도 대답할 수 없을 만큼의 질문을 한다."

"구세주가 왔을 때 그는 병자들의 모든 병을 고쳐 주었다. 그렇지만 어리석은 자를 어진 자로 만들 수는 없었다."

"현자는 어리석은 자한테서 교훈을 끄집어낼 수가 있다. 그러나 어리석은 자는 현자한테서 교훈을 끌어낼 수가 없다."

"어리석은 자라도 돈만 많으면 왕후와 같은 대우를 받는다."

"어리석은 자를 가르친다는 것은 구멍난 주전자에 물을 붓는 것과 같다."

"어리석은 자라도 침묵을 지키고 있으면 성인처럼 보인다."

입은 해롭다

어떤 마을에 소문 옮기는 일을 좋아하는 여자가 살고 있었다. 우리 나라 같으면 허풍쟁이라 불리는 종류의 여자지만 약간 정도가 지나쳤다. 견딜 수 없게 된 이웃 여자들이 모여 랍비한테 도움말을 청하게 되었다.

"그 여자는 나에 대해 빵 대신 늘 과자만 먹는다고 말하고 있어요."라고 첫 번째 여자가 말했다.

"난 단지 과자를 좋아한다고 말했을 뿐, 매일 아침, 점심, 저녁 식사 대신으로 과자를 먹는다고 말한 적은 없어요. 그런데도 그 여자는 만나는 사람한테마다 그런 이야기를 하고 있어요." 그러자 또한 여자가 "그 여자는 남편이 출근하면 내가 아침부터 낮잠만 잔다고 말했어요."라고 호소했다. 또 한 여자는 "그 말 많은 여자는 나를 만날 때마다 '부인은 참으로 아름답습니다' 라고 말하고 남한테는 나이에 어울리지 않게 젊어 보이려고 화장을 지나치게 짙게 한다고 소문을 내고 있습니다."라고 호소했다.

랍비는 한 사람 한 사람의 호소를 신중히 들은 다음 여자들이 돌아가자 사람을 보내어 그 말 많은 여자를 불러오도록 했다.

"당신은 어째서 이웃 여자들에 대해 여러 가지 말을 꾸며 소문을 내고 다니는 겁니까?" 하고 물었다.

그러자 그녀는 아무것도 아니라는 듯 웃었다.

"별로 제가 말을 만든 것은 없습니다. 굳이 말한다면 현실보다 과장해서 말하는 버릇이 있는지도 모릅니다. 그렇지만 진실에 가까운 것일 겁니다. 다만 이야기를 조금 재미있게 하고 있다고 생각합니다. 저는 조금 말이 많은 편인지도 모릅니다. 제 남편도 그렇게 말했으니까요."

랍비는 잠시 생각에 잠겼다가 방을 나가더니 커다란 자루를 하나 가지고 돌아왔다. 랍비는 여자를 향해 말했다.

"당신은 자신이 지나치게 말이 많다는 걸 인정했어요. 그러니 좋은 치료법을 생각해보기로 합시다."

랍비는 그녀한데 그 큰 자루를 넘겨주었다.

"이 자루를 가지고 광장까지 가십시오. 광장에 도착하거든 자루를 열고 이 안에 들어 있는 것들을 길바닥에 늘어놓으면서 집으로 돌아갔다가 집에 도착하거든 늘어놓고 온 것을 주워 모으면서 광장으로 다시 돌아가십시오."

여자가 자루를 받아 보니 매우 가벼웠다. 도대체 안에 무엇이 들어 있을까, 하고 그녀는 생각했다. 그녀는 광장을 향해 서둘러 갔다.

광장에 도착하자 자루를 열어 보니 안에는 새의 깃털이 잔뜩 들어 있었다. 맑게 갠 가을날이었으며 산들바람이 가볍게 불고 있었다. 그녀는 랍비가 시킨 대로 깃털을 꺼내어 길바닥에 늘어놓으며 집으로 돌아왔다. 집에 도착하자 자루는 비게 되었다. 이번에는 그 깃털을 주우면서 광장에 가려고 하였다. 그러나 깃털은 바람에 날려 이곳저곳으로 날아갔다. 그녀는 랍비한테로 돌아와 말씀대로 깃털을 늘어놓았지만 몇 장밖에 주워 모을 수가 없다고 보고했다.

"그럴 겁니다."라고 랍비가 말했다. "험담이란 그 자루 속의 깃털과 같은 것입니다. 한번 입에서 나가 버리면 이미 다시 찾을 수가 없지요."

랍비의 이와 같은 기지로 여자의 수다쟁이 버릇은 고쳐졌다.

그럼 여기서 유대인 현인들의 험담에 관한 명언을 소개해 보도록 하자.

"말이 많은 것은 손버릇 나쁜 것보다 곤란하다."

"유령을 만났을 때 도망치듯 험담한테서 도망쳐라."

"욕하는 자가 없으면 싸움의 불은 꺼진다."

"아름다운 이야기도 전해지는 동안에는 욕이 되어 버린다."

"풍문은 친구 사이도 갈라 놓는다."

"보지도 못한 것을 입으로 찾아내지 말라."

인간은 자기 자랑 바다에 사는 물고기다

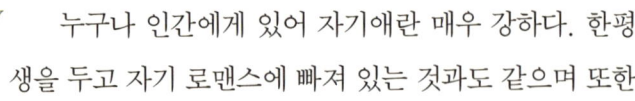

누구나 인간에게 있어 자기애란 매우 강하다. 한평생을 두고 자기 로맨스에 빠져 있는 것과도 같으며 또한

268

쉬지 않고 자신한테 칭찬의 말을 해주는 것과도 같을 것이다.

자신의 자녀나 부하를 대할 때 그 가운데에서 한 사람만을 편애한다면 가정이나 회사는 잘 돼 나갈 수 없는 것과 같이 자기 자신의 경우도 그와 똑같이 말할 수 있다.

우리들은 인간이라는 집단의 한 사람으로 생활하고 있다. 그 최저 단위는 부부 또는 연인이다. 이어 가족, 직장순으로 확대되어 나간다. 그런데 자기만을 편애해 버리면 다른 사람들의 반감을 사게될 것이다. 자기애는 누구나 가지고 있는 것이니까 어느 정도까지는 서로 비슷하다. 그리고 자기애는 자신을 소중히 하는 일이므로 좋은 면도 있다. 이와 같은 바탕에서 자존심, 자립심, 향상심이 자라기 때문이다. 어디까지나 세계에서는 자기가 중심이다. 그리고 인간한테는 자기가 중심이 되어 보다 좋은 세계를 건설해야 하는 권리가 주어지고 있다. 그러나 흔히 사랑은 맹목이라고 한다. 자기애에 빠져 버리면 남들이 그것을 싫어하는지 알지 못하게 된다.

인간은 태어나면서부터 자기 중심적이다. 이것은 어린아이를 보면 알 수 있다. 어린아이는 자기만을 소중히 한다. 그러다 성장해감에 따라 남들을 위해 자기를 어느 정도까지 양보하지 않으면 안된다는 것을 배우게 된다.

"어떤 인간은 평생을 두고 어른이나 노인이 되지 않고 단지 갓난애가 나이만 먹어갈 뿐이다."라는 말이 있지만 어른이 자신만을 소중히 하는 것에는 갓난애가 그렇게 하는 것과 별로 다르지 않은 부분이 있다. 그렇지만 어른이 갓난애처럼 자기 자신만을 소중하게 생각해서야 되겠는가. 자기애는 인간에게 있어 장점도 되고 약점도 된다. 칭찬받아 기쁘지 않은 사람은 없다. 인간은 동서 고금을 막론하고 자기 자랑이라고 하는 바다에 사는 물고기와 같다.

노먼 메일러는 "스스로 잘난 체할 필요성이 있는 사람은 정치가와 프로 레슬러와 여배우밖에 없다."고 말했다. 그러나 실제로 꼭 그런 사람만이 잘난 체하는 것은 아닐 것이다. 우리는 우리들의 일상 생활을 통해서 인간이 얼마나 자기 사랑에 약한 존재인지 많은 예를 볼 수가 있다. 내가 실수를 해도 남이 용서해 주는 일이 많다. 그러나 주위에서 용서를 받아 그 죄가 없어졌다고 하더라도 자기 자신이 용서할 수 없는 경우가 가끔 있다. 그리하여 시간이 경과해도 그 실수를 생각해내면 찌르는 듯한 고통을 맛보게 되는 일이 있다. 독자들도 그러한 경험을 해본 일이 있을 것이다.

이러한 실수는 자기 자랑에 상처를 입힌 것이기 때문에 상처가 좀처럼 낫지 않는다. 루스 베네딕트는 제2차 세계대전 중 펴낸 《국화와 칼》이라는 일본인을 주제로 연구한 책 속에서, 일본인은 죄의식이 결여되어 있는 반면 부끄러워하는 의식을 가지고 있다고 설명하였다. 죄는 개인으로부터 비롯되는 개인의 문제인 데 비해 부끄러움은 잊어 버린다."는 말도 있는 것처럼 일본인들은 모르는 사람들 앞에서 저지른 실수에 대해서는 부끄러움도 느끼지 않게 되는 것이다.

수치와 자기 자랑은 일체가 되어 있다.

나는 베네딕트의 연구는 약간의 편견이 있다고 느꼈다. 왜냐하면 일본 사람에게도 옛날 무사들이 가지고 있었던 명예심에는 유대교나 기독교도한테도 통하는, 개인이 자기의 책임을 묻는 '죄의식'을 볼 수 있다고 생각한다. 그리고 유대교도나 기독교도 사이에서도 죄보다 부끄러움으로 자신을 괴롭히는 사람이 많다.

또 하나, 인간이 겉치레를 소중히 하는 예를 들어 보기로 한다.

우리들은 자신의 생활을 유지해가면서 돌봐 주는 사람보다 오히려 자기가 돌봐 주고 있는 사람들한테 보다 강한 호의를 갖게 된다. 여기에도 인간의 약점이 나타나 있다. 신세를 지고 있다는 것은 자기 자랑에 손상을 주는 것이 아닐까. 인간은 자기가 남의 밑에 있다는 것을 인정하지 않으려는 본성이 있다.

자기를 중심에 둔다는 것은 결코 틀린 일이 아니다. 세계는 자기로부터 시작된다. 자기애도 건전한 것이다. 인간은 나라고 말할 수 있는 유일한 동물이다. 그러나 도를 지나치면 안 된다. 자기를 지나치게 사랑하는 것은 자기를 지키는 데 있어서도 위험한 일이다.

칭찬을 받으면 기쁘다. 이것은 어떠한 인격자라도 마찬가지다. 사람들은 자신을 인정받고 싶어한다. 그러므로 사람들을 움직이는 데 있어서도 그 사람의 자기애에 호소하는 것이 효과적이다. 게다가 사람이 원하는 것을 해주는 것은 친절이기도 하다. 인간은 누구나 격려를 받고 싶어한다.

따라서 칭찬해 주는 것도 인생에는 필요하다. 일상 생활에서는 상대나 상대의 소지품을 칭찬하는 것이 예의로 되어 있다. 칭찬의 말은 선물과 같은 것이다.

좋은 선물을 남한테 가져가는 것도 사교 방법의 하나이다.

그런데 《탈무드》는 칭찬의 정도에 대해서 다음과 같이 말하고 있다.

사람을 칭찬할 때는 어리석은 자에 대해서는 강하게 칭찬해야 하며, 현명한 자는 약하게 칭찬해 주어야 한다.

이것은 의사가 투약하는 경우와 완전히 정반대가 된다. 의사는 강한 자에게 강한 약을 조제하며 약한 자는 약한 약을 투여하지만 칭찬하는 말을 할 때는 지적으로 강한 자한테는 약하게, 지적으로 약한 자에게는 강하게 말하지 않으면 안 된다.

삶이라는 것

부드러워지는 것이 중요하다. 하나님께서는 흙이라는 똑같은 재료로 인간을 만들었지만 한 사람 한 사람이 저마다 다르다. 그리하여 서로 다른 사람이 살아나가자면 유연성을 가지고 있지 않으면 안 된다. 자기 혼자서만 세계를 살아가는 것이 아니기 때문이다.

옛날의 랍비들은 뼈 주위에 살이 있는 것은 중요한 뼈를 지키기 위해서지만 해파리처럼 고기뿐이어서도 또한 돌처럼 뼈로만 전부 이루어져도 곤란하다고 생각하였다.

랍비 양켈은 이렇게 말하였다.

"언제나 갈대처럼 유연하라. 삼목처럼 키가 커서도 안 된다. 갈대는 어느 방향에서 바람이 불어와도 바람에 따라 휘었다가는 다시 제자리로 돌아갈 수가 있다. 바람이 없어도 자기 위치에 서 있을 수 있다.

갈대는 무엇이 되는가. 갈대는 '율법(토라)'을 쓰는 펜이 된다. 그런데 삼목은 어떤가. 만약 북서쪽에서 강한 바람이 불어오면 쓰

러져 버릴 것이며 남서쪽에서 불어 와도 쓰러져 버릴 것이다. 그리
하여 바람이 멎었을 때는 나무는 쓰러져 버린다.

삼목은 무엇이 될까. 집 짓는 재료나 장작이 되어 버린다.

갈대는 유연한 생활을 해왔기 때문에 좋은 여생이 약속되어 있으
나 삼목은 경직된 생활을 해왔기 때문에 벌을 받는 것이다."

무엇 때문에 계속 달리는가

한 사나이가 주위를 둘러보지도 않고 길을 서둘러 걷
고 있었다.

랍비가 그 사람을 불러 세우고는 물었다.

"왜 그렇게 서두르는 겁니까?"

"생활을 쫓아가려고 그러는 겁니다." 그 사나이가 대답하였다.

"어떻게 그렇게 생각할 수가 있습니까?"라고 하며 랍비는 계속
말했다. "생활이 앞서 가기 때문에 당신이 쫓고 있다는 것이겠죠.
그렇지만 실제는 생활이 당신을 쫓고 있는 게 아닐까요? 당신은 생
활이 쫓아오기를 가만히 기다리기만 하면 됩니다. 그런데 당신은
자꾸 도망치려고 하고 있어요."

일에 열중한 나머지 본래의 인간다운 생활에서 멀어져 가는 사람
이 많다.

바쁘다는 건 얼핏 보아 근면한 일이기 때문에 칭찬해야 될 일처
럼 보이지만 그렇지가 않다.

인간은 때로는 일손을 멈추고 도대체 자기는 왜 태어난 것일까, 어떤 사명이 주어져 있는 것일까, 인생의 목표는 무엇인가 하는 등의 일을 생각해볼 필요가 있다. 이러한 기본적인 일을 생각한다는 것은 비록 정확한 해답이 나오지 않더라도 인간에게 인간으로서의 깊이를 안겨 준다.

현대는 노하우(know how)의 시대라고 한다. 갖가지 문제가 있으며 그것을 어떻게 하면 해결할 수 있을까 하는 것이 노하우이다. 그러나 오늘의 인간은 '노하우'에 열중한 나머지 '노홧(know what)'을 잊고 있다. 노홧이란 사물의 본질을 알려고 하는 것을 말한다. 그리고 '노홧'에 대해서 생각하지 않으면 인생의 목표를 알 수가 없다.

편법에만 마음이 사로잡혀 있어서는 주위 사람들에게 호소할 수 있는 힘이 결여되게 된다. '노홧'을 생각하는 사람은 인간의 의미를 지니게 된다.

자신이 1이 되도록 노력하라

사람이 가장 실수하기 쉬운 일은 어떤 것일까. 실수 가운데서도 가장 전형적인 실수는 어떤 것이냐는 문제이다. 그것은 자기가 뭔가 좋은 일을 하지 않아도 누군가 다른 사람이 대신해 주기 때문에 사회는 그런 대로 움직여 나간다고 생각하는 일이다. 이것은 비겁한 태도이다. 스스로 시작하지 않는 한 결코 사회는 제대로 기능을 발휘해 나갈 수 없다.

"좋은 가족 관계를 유지하고 싶다. 보다 나은 지역 사회를 만들고 싶다. 훌륭한 국가를 만들고 싶다."라는 말을 듣게 되면 대부분의 사람들은 찬성 의사를 표할 것이다. 좋은 가족 관계, 좋은 지역 사회를 위해 좋은 일을 하고 훌륭한 국가를 만들려면 어떻게 해야 하는지를 잘 알고 있다.

그렇지만 단지 방법만 알고 있는 것만으로는 의미가 없다. 무엇이 좋으며 무엇이 나쁜가를 판단할 수 있는 것만가지고도 불충분하다. 또한 다른 사람으로 하여금 좋은 일을 하도록 호소하는 것만으로도 불충분하다.

우리는 남의 잘못이라든가 부정에 대해서는 매우 민감하지만 자신에 대해서는 매우 너그럽다. 자기한테만은 특권이 있다고 생각한다. 우리들은 자기 아내나 자녀들 또는 자기 동료라든가 윗사람 및 주위 사람들에 대해서는 엄한 기준을 설정하기 쉽다. 그러나 자기한테도 그러한 것을 일상적으로 요구하고 있는 것일까. 가장 전형적인 잘못은 자기가 모범을 보이지 않고 남들이 좋은 일을 하게 될 것이라고 남에게 미루는 일이다.

좋은 가족이란 무엇을 말하는 것일까. 좋은 가족이란 가족 구성원이 저마다 서로 좋은 영향을 미치게 할 수 있는 가족이라고 한다. 부모나 자녀 모두 함께 마음껏 자기 표현을 할 수 있는 환경을 만들 수 있는 가족을 말한다. 가족은 단지 공조하는 것만으로는 충분하지 않고 서로 상대방의 자유를 요구할 수 있고 함께 서로를 개방할 수 있어야 한다.

그렇게 되기 위해서는 가족 구성원마다 창조적인 노력과 관용과 인내심을 갖추고 있어야 한다. 그렇지만 무엇보다도 먼저 자신이 솔선수범하는 모범을 보여야 한다는 것을 늘 염두에 두지 않으면 안 된다. 솔선해서 모범을 보여줄 수 있는 사람은 상대방이 알아차리지 못하더라도 묵묵히 모범을 보여야 한다. 그렇게 되면 언젠가는 사람들이 따라오게 마련이다. 남에 맞추어 부화뇌동만 하고 있어서는 모범을 보여줄 수가 없다. 모범을 보인 많은 사람들이 역사에 의해 기록되지 않을는지도 모른다. 그러나 오늘날 이 세상이 좀 더 제대로 되어 있고 살기 좋은 면이 있다면 그것은 그러한 이름 없는 사람들이 남긴 유산 덕분인지도 모른다.

히브리 어에서는 1을 '에하트'라고 말하는데 그것은 숫자의 1을 의미할 뿐만 아니라 독창적이라는 의미도 가지고 있다. 늘 자기가 1이 될 수 있도록 노력하지 않으면 안 된다. 1이란 가장 명예로운 숫자이다.

모범은 자기로부터 시작이 되어야 한다. 우선 좋은 가족을 만드는 일부터 시작하자. 좋은 가족을 창조하는 것은 가족뿐만 아니고 좋은 일, 좋은 지역 사회를 만드는 일과도 통한다.

도대체 참다운 지도자란 무엇일까. 그것은 모범을 보여줄 수 있는 인간이다. 시작을 만들 수 있는 인간이다. 두 번째부터는 따르는 인간이 되는 것이다.

죄와의 대결

천사와 인간은 어떻게 다른 것일까.

천사의 특성은 그들이 늘 깨끗해서 절대로 부패하는 일이 없다는 사실이다. 그러나 그들의 결점은 진보 향상하는 일이 없다는 점이다. 인간의 결점은 부패하는 일이며 인간의 장점은 무엇이든지 향상시킬 수 있다는 점이다.

인간은 이와 같은 장점과 단점을 가지고 있다. 물론 장점을 쓰면 힘이 된다.

인간이 완전무결해질 수는 없다. 완전은 단지 이상일 뿐이다. 그리고 이상은 넓은 바다에 있는 선원을 유도하는 밤하늘의 별과도 같다. 선원이라면 누구나 알고 있듯이 별을 뒤쫓아서 바다를 항해해도 하늘의 별에 다다를 수는 없다. 그러나 별을 쫓아가 별에 가까워지려고 함으로써 올바른 항로를 따라 항해할 수 있다.

인간에게 있어서 이상도 마찬가지이다. 불완전하지만 완전함에 접근하려고 함으로써 올바른 길을 걸을 수가 있다. 올바른 길을 걷기 위해서는 용기가 필요하다. 힘이 없으면 걷지 못한다. 그러나 자신을 자신의 힘으로 강제할 수는 있어도 다른 사람의 힘으로 자기를 강제할 수는 없다. 고대의 랍비들은 다른 사람을 그렇게 하려고 생각한다면 여자와도 같은 우아함이 필요하다고 설명하고 있다.

신은 인간에게 남자의 굳셈과 여자의 우아함을 주셨다. 완전함을 구하기란 어려운 일이며 다른 사람에게 그렇게 요구하는 것도 잘못이다. 그러나 완전하게 될 수 없다는 것을 알면서도 완전에 가까워지려고 하는 인간은 겸허한 사람이다.

겸허한 사람은 자신의 힘을 남겨 두고 있다. 그러나 자만하는 사람은 자신의 힘 이상으로 발돋움하고 있다. 그렇기 때문에 겸허한 사람 쪽이 강하게 된다.

이것은 자신과 자만의 차이기도 하다. 자신을 가지고 있는 사람은 자신의 힘의 한계를 알고 있으나 자만하는 사람은 자신의 힘의 한계를 알지 못한다.

탈무드에는 "자신이 할 수 있는 일을 성취하려는 것이 인간이며, 자신이 하고 싶은 일을 바라보는 것은 신이다."라고 쓰고 있는데 몇 번이고 되풀이해 읽으면 이 아이러니를 이해할 수 있다. 겸허함 속에서만이 사람들을 인도할 수 있는 힘이 나온다.

겸허한 인간은 또 너그러움을 지니고 있기도 하다. 진정한 여자의 우아함이란 너그러움을 말한다.

그렇다고도 하지만 원칙이 없는 너그러움은 단정하지 못한 것이 되고 만다. 명확한 한 가닥의 선이 없으면 안 된다.

나는 일본의 젊은 아가씨들 사이에서 무엇이든 "좋아, 좋아" 하고 허락하는 아버지가 '단정하고 이해심 많은 좋은 아빠' 라는 이미지가 심어지고 있다는 말을 들을 일이 있다. 너그러운 아빠라는 말일 것이다.

정치인 가운데에도 어떠한 일이 일어나면 덮어놓고 그와 같은 현상을 빚은 사회가 나쁘다고 말하는 사람이 있다.

내가 일본에 있을 무렵에는 대화라는 말이 유행하고 있었다. 상대방이 하는 말에는 무엇이든 귀를 기울일 필요가 있다고 생각한다.

대체 그래도 좋은 것일까. 천만의 말씀이다. 《탈무드》도 가르치고 있다.

"타협에서 득이 있다고 생각하면 큰 오산이다. 큰 손해를 보게 된다."

젊은 시절에는 마르크르주의자였으나 그것을 극복하고 나치 독일에 쫓겨 런던으로 옮긴 철학자로 칼 만하임이 있다. 그는 "자유주의자는 중립성과 관용 정신을 함께 갖춘 것이 실수였다. 만약 그때에 '노'라고 분명하게 거절했더라면 나치스는 정권을 잡지 못했을지도 모른다."고 말했다. 나치스나 공산주의 운동이라는 전체주의는 이와 같은 중립주의나 그릇된 관용 정신의 허점을 이용해 신장되어 나간다.

'노'라고 할 때에는 '노'라고 외칠 만한 용기를 가지고 있지 않으면 안 된다. 대화 가운데서도 노를 말할 수 있는 용기가 있어야 한다.

명성에 도전하는 사람이 되어라

인간은 좋아하는 것을 두려워해서는 안 된다.

돈, 술, 섹스 등 매력이 있는 것은 모두 위험한 것이다. 그렇기 때문에 이러한 것을 반대하는 태도에 따라 인간을 평가할 수가 있다. 명성도 그러하다. 확실히 인간은 명성을 얻지 않으면 안 된다. 사람들로부터 '저 사람' 하고 일컬어질 만한 명성을 얻지 않으면 안 된다. 사람으로부터 무시당하는 일만큼 굴욕은 없다. 또 남에게 존재를 인정받으면 인정받을수록 생활의 안정과 발전에 직결된다.

《탈무드》는 "명성은 얻지 않으면 안 되는 것이기도 하다. 명예는 잃어서는 안 되는 것이기도 하다."라고 말하고 있다. 이 경구는 "그러나 명성은 자신이 구해서 얻어지는 것이 아니다. 명성은 사람들에 의해서 자연히 주어져야 하는 것이다."라고도 말하고 있다.

그렇다고는 하지만 그와 같이 책 속에서 설교하는 나조차도 스스로 명성을 찾고 있다. 어린이도 어른도 사람들에 의해서 인정받고 싶은 법이다. 그래서 《탈무드》에서는 "명성을 찾아서 달리는 사람은 명성을 뒤쫓지 못한다. 그러나 명성에서 벗어나려고 달리는 사람은 명성에 의해서 붙잡힌다."고 말하고 있다.

감상과 해설

마빈 토케어는 1936년생으로 뉴욕 이오시바 대학에서 철학·교육학의 박사학위를 받은 뒤 일본·한국 등지에서 미 공군 유대교의 랍비로 근무하였으며 현재는 미국과 이스라엘에 거주하고 있다.

탈무드는 히브리어로 '교훈·교의'라는 뜻으로 유대인의 구전 율법 〈미시나〉와 이에 대한 주석 〈게마라〉를 집대성한 것이다. 이 책은 구약성서가 씌어진 뒤 유대교의 법률, 전통적 습관, 축제·민간전승, 해설 등을 모은 것으로 성서 다음으로 유대인의 정신적 지주가 되어 왔다. 유대인의 종교적 생활만이 아니라 법적 규정이나 판례법까지 포함하고 있으며, 당시 유대 민족의 사상이나 생활양식, 기독교와의 관계 등을 아는 데 중요한 자료이다.

〈미시나〉는 200년 무렵 랍비 유다가 초기 율법학자의 교설을 선별·체계화하여 편집한 법전을 의미한다. 이것은 종자편(농업법)·성회편·부녀편(혼인법)·손해편(민법)·성물편(제의법)·성결

편의 6부로 이루어졌다. 그 뒤 〈미시나〉는 팔레스티나와 바빌로니아에서 율법연구의 기본 자료가 되어 방대한 주석 〈게마라〉를 낳았다.

유대교 학자들의 두 학파인 팔레스타인 학파와 바빌로니아 학파는 각각 독자적인 〈탈무드〉를 만들어냈는데, 두 학파 모두 동일한 〈미시나〉를 기본 자료로 하고 있으나 팔레스티나와 바빌로니아의 사회적·경제적·문화적 차이가 〈게마라〉에 각각 반영되어 있다. 특히 바빌로니아의 유대인 공동체는 경제적으로 혜택을 받았고, 다른 공동체에 비해 문화적으로 한층 뛰어나 그들을 만들어낸 바빌로니아의 탈무드는 생활·신앙의 기초로서 유대인 전체에 큰 권위와 영향력을 갖게 되었다.

랍비들의 종교적 신념은 〈탈무드〉의 판결·사상·태도에 잘 나타나 있다. 그에 따르면 모든 의식법 및 사회법은 하느님에게서 비

롯되었다고 본다. 〈탈무드〉가 완성된 뒤 그 내용을 법전으로 만들려는 여러 가지 노력들이 있었으며, 〈탈무드〉에 대한 해석 문헌 또한 아주 많다.

탈무드는 앞서 언급했듯이 유대인의 오래된 율법서이다. 그러면 유대인은 어떤 민족이며, 그들은 어떤 역사를 거쳐 오늘에 이르렀을까?

유대인은 팔레스티나를 원주지로 하는 셈어족의 일파인 헤브라인과 가나안 인의 혼혈민족이다. 유대라는 명칭은 구약성서에 나오는 야곱의 아들 유다의 자손이라는 데서 유래하며 바빌론 유수 뒤 이스라엘의 총칭이 되었다.

유대인은 기원전 10~6세기경 지금의 팔레스타인 지방에 그들의 왕국을 건설하였으나 기원전 586년에 바빌로니아 인의 침략으로 멸망하고 바빌론으로 끌려가 오랜 기간 유배 생활을 하였다.

　그 후 바빌로니아가 멸망하자 그들은 팔레스타인으로 돌아올 수 있었으나 다시 알렉산더 제국의 지배하에 놓이게 되고, 계속된 여러 이민족 왕조의 침략 끝에 BC 63년에는 로마에 정복되어 유대 왕국은 영원히 멸망하게 되었다.

　이후 유대인은 세계 전역에 흩어져 살아 오다가 1948년 자신들의 옛땅에 이스라엘 공화국을 건설, 유대인의 국가를 세웠다.

　탈무드는 이러한 5천 년의 뼈아픈 역사를 지닌 유대 민족의 정신적 지주로서 그들의 민족의식을 굳게 지켜준 지침서이며, 생활 철학이라 할 수 있다. 그리고 유대인뿐만이 아닌 전세계인들의 삶에 신선한 충격과 놀라운 가르침을 전해 주는 필독서로 널리 사랑 받고 있다.

일신 베스트북스 13

탈무드

저　자 : 마빈 토케어
발행인 : 남 용
발행처 : 일신서적출판사
주　소 : 서울시 마포구 신수동 177-3
전　화 : 703-3001~5
팩　스 : 703-3009
등　록 : 1969년 9월12일 제 10-70호

ISBN 978-89-366-0373-1
　　　 978-89-366-0360-1(세트)

ⓒILSIN PUBLISHING Co. 1990.

값 13,000원

www.ilsinbook.com